# 中国科学技术大学创新创业丛书
# 编委会

**主　　任**　舒歌群　包信和
**副 主 任**　周丛照
**委　　员**　朱东杰　李思敏　吴　强
　　　　　　杨志伟　刘　淇

# 破土

## 中国科大"新苗计划"创新创业案例 ❷

主　编　朱东杰
执行主编　赵　征
副主编　鲁金茗　骆念武
编　委　朱东杰　赵　征　鲁金茗
　　　　陶妍妍　骆念武　刘启斌
　　　　赵　媚　宋红彪　李津徽

中国科学技术大学出版社

## 内容简介

中国科学技术大学双创训练营"新苗计划"是为学校学生"双创基金"支持项目量身打造的专项辅导计划,旨在通过项目指导和展示交流等活动培育学校学生"种子期"创新创业项目和团队,使其成长为创新创业"新苗"。本书围绕中国科大创新创业"新苗计划",选取12支具有科大特色的创新创业团队及基金学生管理团队,以侧记、访谈、评论等形式,从项目创意、成长故事、思考感悟、导师点评、经验分享等视角,记录了创新创业"新苗"汲取营养、奋力"破土"的成长轨迹和心路历程,以期做到"讲好创新创业故事,提高创新创业能力",为学校创新创业团队建设提供参考和借鉴。

### 图书在版编目(CIP)数据

破土:中国科大"新苗计划"创新创业案例:2/朱东杰主编. —合肥:中国科学技术大学出版社,2022.7

ISBN 978-7-312-02801-4

Ⅰ. 破… Ⅱ. 朱… Ⅲ. 大学生—创业—案例 Ⅳ. G647.38

中国版本图书馆CIP数据核字(2022)第068987号

---

**破土:中国科大"新苗计划"创新创业案例(2)**
POTU: ZHONGGUO KEDA "XIN MIAO JIHUA" CHUANGXIN CHUANGYE ANLI (2)

| | |
|---|---|
| 出版 | 中国科学技术大学出版社 |
| | 安徽省合肥市金寨路96号,230026 |
| | http://press.ustc.edu.cn |
| | https://zgkxjsdxcbs.tmall.com |
| 印刷 | 安徽联众印刷有限公司 |
| 发行 | 中国科学技术大学出版社 |
| 开本 | 710 mm×1000 mm 1/16 |
| 印张 | 14.25 |
| 字数 | 192千 |
| 版次 | 2022年7月第1版 |
| 印次 | 2022年7月第1次印刷 |
| 定价 | 100.00元 |

# 序

百年大计，教育为本。

习近平总书记在考察中国科学技术大学时说："教育是实现'两个一百年'奋斗目标的基础。"在全国教育大会上，总书记进一步指出，"要提升教育服务经济社会发展能力"，"推进产学研协同创新，积极投身实施创新驱动发展战略，着重培养创新型、复合型、应用型人才"。总书记的嘱托高瞻远瞩，内涵寓意深远。

青年兴则国家兴，青年强则国家强。今天，我们比历史上任何时期都更需要建设世界科技强国，我们对创新创业人才的渴求比以往任何时候都更加强烈。为建设社会主义现代化强国提供一流创新创业人才支撑，是高校必须肩负起的责任与使命，是做好创新创业教育必须回答好的时代命题。

高校立身之本在于立德树人。

中国科学技术大学始终坚持把立德树人作为根本任务，坚持"红专并进、理实交融"的校训，着力践行以学生发展为中心的育人理念。大力培养"有理想、有追求、有担当、有作为、有品质、有修养"的"六有"大学生，努力造就德才兼备、又红又专的优秀人才；以本科生书院、创新创业学院建设为抓手，积极推行大类教育、专业培养的"2+X"培养模式，形成具有"中国特色、科大风格"的一流创新人才培养体系。

中国科学技术大学始终坚持创新立校，尊重首创精神。学校积极响应国家"创新驱动发展"和"大众创业、万众创新"战略号召，充分发挥科研、教育、人才优势,积极整合优质资源,建立跨学科协同创新的教育孵化平台,培养具备创新精神和创业能力的优秀人才,促进科技成果转移孵化,服务创新型国家战略。

中国科学技术大学始终坚持优化布局,构筑卓越创新体系。学校着力优化学科布局,确立了基础学科加快"率先一流"建设,"新工科"、"新医学"和"特色文科"持续推进的学科发展战略,结合学校自身特色,打造"科"字当头的"特色文科",与"理工医"深度交叉融合,成为引领科研"无人区"探索的指路明灯,推动科学研究跨越式发展。

中国科学技术大学始终坚守"科教报国、追求卓越"的初心使命。作为国家首批"双一流"建设高校,中国科学技术大学坚持以铸就学生创新灵魂为导向,坚持以科技创新创业为引领,坚持以教育培养为根基,坚持以课堂、竞赛、活动为载体,积极引导、辅导、指导大学生创新创业实践,努力实现大学生学业、创业、就业的结合,激励一代代科大学子以勇攀科学高峰为理想、以科教报国为己任、以自立自强为追求,为他们打上最鲜亮的时代底色。

创新创业人才的发现、发掘、培养是高等教育的重要使命。中国科学技术大学创新创业的步伐从未停歇:从人工智能到量子科技,从"托珠单抗"到"嫦娥奔月",从大科学装置、科大先研院到合肥综合性国家科学中心……处处闪耀着科大人奋斗的身影,处处凝结着科大人智慧的结晶,处处散发着科大人创新创业的活力。这是中国科大"红专并进"的生动实践,是中国科大"理实交融"的特色展现,更是中国科大"立德树人"的责任担当。

让人欣喜与振奋的是,随着中国科大创新创业教育的不断深入和发展,一批又一批优秀的科大学子正在成为创新创业"新苗",他们正在"破土"而出,他们带着朝气、富有梦想。不远的将来,他们必将成为中国科技创新创业的重要力量。

  大学的今天,就是社会的明天。中国科学技术大学将进一步全面贯彻落实习近平总书记关于中国科大发展的系列重要指示精神,加快构建创新创业教育的新体系,探索创新创业教育的新模式,构造开放、包容、合作、创新的创客文化,鼓励、支持、引导青年学子"把论文写在祖国的大地上,把科技成果应用在实现现代化的伟大事业中",在实现中华民族伟大复兴"中国梦"的征途上,奏响新时代创新创业的"青春之歌"!

舒歌群
中国科学技术大学党委书记

# 前　　言

中国科学技术大学是教育部认定的首批"创新创业教育改革示范高校"。学校始终把创新创业人才的培养作为教育改革的核心,为了更高效地统筹协调全校创新创业教育和人才培养工作,2019年11月,中国科学技术大学创新创业学院正式成立。

创新创业学院成立伊始,即以铸造学生创新创业灵魂、提升学生创新创业能力、培养顶尖科技创新创业人才为目标,打造具有中国科大特色的创新创业教育培养体系。

在校内外多家单位及校友企业的大力支持下,创新创业学院先后设立三支公益性创新创业基金——"中国科学技术大学基本科研业务费学生创新创业基金"(简称"双创基金")、"中国科学技术大学华米创新创业基金"(简称"华米基金")和"中国科学技术大学福昕创新创业基金"(以下简称"福昕基金"),专项支持我校学生及校友的创新创业项目。通过公开申报、公正评审、公平竞争、无偿支持,持续培育学校本科生、研究生的创新创业项目,让学生在创新实践中感悟和思考,培养他们的创新自觉性和主动性,进而培养科研志趣、树立创新意识。

为提升并发挥学生在创新创业教育中的自我培养、自我管理、自我服务能力,探索科技创业投资、基金管理人才培养的模式,中国科学技术大学校长包信和院士亲自倡议并推动了通过组建学生基金管理团队,由学生团队来管理创新创业基金的创新模式。面向全校学生公开招募组建的学生基金管理团队,负责对所有申报项目进行组织立项评审、确定支持项目、开展培训服务、实施过程管理、组织项目考核等工作。创新的基金管理模式,把项目遴选变成了创投人才培养课堂,把基金管理变成了学生学习提升的实践课堂。这项把创新创业项目培育和创投人才培养融为一体的创新举措,在国内高校创新创业(简称"双创")教育工作中属首创,被众多双创专家和教育专家称为"科大模式"。不到两年的时间,学生基金管理团队共遴选支持了140个项目,支持项目资金近2000万元。

在项目团队的发展和成长中,创新创业学院和学生基金管理团队根据其发展阶段,制订并组织开展了"双创训练营"培养计划——"新苗计划""新秀计划"及"新锐计划"。其中"新苗计划"旨在帮助"种子期"的项目团队顺利完成关键技术研发、早期团队组建及商业计划制订,助其成长为创新创业"新苗"。为培育好这些创新创业的"种子",创新创业学院按照"内外协作、专兼结合"的思路,聘请了近50位校内外专家学者、成功企业家、经济管理专家、政府管理者、创业投资者、孵化服务者等担任双创导师,为项目团队提供技术指导、培训咨询及资源对接等支持。

在一次次"新苗"培育活动中,我们见证了这些项目的成长、提升,参与活动的同学们也都充分感受并赞赏项目培育中贯穿的"以赛促创""面向实战""重在培养"的教育理念。这些"新苗"先后在2021年"互联网+""挑战杯"等双创赛事中取得了2项国赛金奖、3项国赛银奖、4项国赛铜奖、33项省赛金奖等优异成绩。在众多优秀项目中,我们选取了12支具有中国科大特色的科技创新创业团队及基金学生管理团队,将他们的项目创意、成长故事、思考感悟以及导师点评等汇编成册,在梳理创新模式、提供经验分享的同时,也记录下这些"新苗"汲取营养、奋力"破土"的过程。

就此机会,谨向在双创训练营"新苗计划"执行过程中给予协助支持的校科研部、团委、对外联络与基金事务处、教务处、研究生院、招生就业处、财务处、先进技术研究院、工程科学学院、材料科学与工程学院、化学与材料科学学院、物理学院、中国科学院合肥物质科学研究院、管理学院、能源科学与技术学院等部门的领导和老师,以及福建福昕软件开发股份有限公司、科大讯飞产业加速中心、合肥爱意果园投资管理有限公司、合肥英毅教育咨询有限公司、合肥市科创集团有限公司、安徽五十六钌教育科技有限责任公司、领创荟等各界伙伴,表示衷心的感谢!

我们还要感谢文冬梅、邢艳凯、朱宁、朱宗瑞、刘启斌、许诺、孙森、严建文、李津徽、宋红彪、张建群、陈静、赵征、赵媚、谢艳、夏振华、雷武虎等导师的倾情奉献,以及12支创业团队全体成员的积极配合。感谢王昊、徐扬、蔡恩婷、孙佳丽、毛娟、王晨、甄笑天、程利等在活动策划、组织和执行过程中的无私奉献。感谢袁小平老师为本书提供插图。感谢中国科学技术大学出版社领导和编辑对本书出版的大力支持。

最后,愿我们所有的努力,都助力棵棵"新苗",早日"破土"而出,终成参天大树。

编　者<br>
2022年4月

# 目　　录

- i　序
- v　前言
- 003　"爱制造"科技：超合金技术，国内首创合金解决方案提供商
- 021　国盛量子：利用量子测量技术，实现高精度高稳定的磁场和电流测量
- 037　金石陶瓷：制备国际一流冷却效果的航空发动机叶片专用陶瓷型芯
- 053　能源互联网：计及韧性提升需求的多能耦合配电系统一体化规划方法
- 069　智能除雪：全场景光伏Domino自动除雪控制器
- 087　撼地者：应急救援领域的全能勇士
- 105　人造林：仿生光热复合材料的低碳低能耗水再生系统
- 121　环轩材料：低温高效乙烷催化氧化制乙烯
- 137　铝燃料电池：绿色环保的离网应急储备电源产品
- 157　污水资源化：高盐废水"膜"法资源化独家方案提供商
- 173　小乐色智能垃圾桶
- 191　云膜科技：纳米云母片改性聚乳酸高性能可降解包装薄膜
- 204　双创基金学生管理团队：创业星火的火炬手

广大同学正处于最美好的时代,将学习到的知识学以致用,参与到创新创业的浪潮是一件幸福又浪漫的事情。

——熊雨前(福建福昕软件开发股份有限公司董事长,中国科大创新创业导师)

# "爱制造"科技：
## 超合金技术，国内首创合金解决方案提供商

针对国内大型超合金装备存在需求量大、利用率低、技术更新迭代速度慢等问题，"爱智造"科技团队建立了"粉体设计制备-零件结构设计-SLM成型-焊接组装与再修复-组织及性能评价"的一体化系统，旨在为高端大型超合金装备需求商、企业、科研院所及设备供应商提供定制化、一站式全方位解决方案和闭环服务。

"爱智造"科技团队开创了一套全方位、定制化超合金装备制造解决方案，实现了集多物理场耦合下金属及合金粉体激光熔融成型的深度模拟、超合金装备的高品质打印及高效焊接组装与绿色循环再修复等核心技术的深度融合，打破了国外技术封锁，填补了国内市场空白。

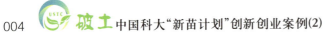

梁 莉

工程科学学院博士生

童 伟

陈天禄

高 天

王 雪

创客故事

## 立鸿鹄之志　做奋斗强者

在众多人眼中,中国科学技术大学是一所殿堂级的大学。总有人好奇:这所大学的女博士会是怎样的状态?高冷?不善言辞?还是高深莫测,走路都带风?

其实,没有一个标准答案。至少,中国科学技术大学工程科学学院的女博士梁莉就不是这样的。她和普通女孩没有太多区别,爱说、爱笑、爱运动,空闲的时候也会追剧。只不过,一旦回到实验室,一旦开启正在创业的项目,她就会自然展现出女博士的本真面目:专业、敬业、一丝不苟,侃侃而谈,而又谈笑自如。

## 你有标准化生产，我有定制化开发

作为项目创始人，梁莉和她的团队打造的大学生创业项目有个高大上的名字：大国装备——超合金技术，国内首创合金解决方案供应商。团队致力于提供以大国装备中超合金的定制化服务为基础，面向军工企业、科研院所、高校及企业设备供应商等客户群，提供不同应用场景下的大型装备超合金模拟-制备-组装-再修复的一体化、定制化、个性化、全方位闭环服务，解决大型装备的关键技术难题，加快装备技术的迭代，深入开拓高端制造业市场。

这样解释似乎还是过于专业，无法让人听得明白。于是，梁莉又给项目转换了一种"小清新"的称谓："爱制造"科技——高温合金3D打印及焊接组装技术。梁莉做了进一步的解释：目前市场上的主流模式是以生产普适化或者标准化的零件为主，3D打印公司和焊接公司各自单独存在，但是这些公司更多的是流水线作业，效率非常高，生产标准零件就是他们的工作内容，很少去做定制化。究其原因，还是因为定制化对于这些公司来说，市场不够大，投入的精力和成本高，投入和产出不成比例。更为关键的是——"3D、焊接"这两种工艺的连接技术是个很大的壁垒。

3D打印公司只做3D打印，焊接公司只做焊接，梁莉团队"牛就牛在"他们既可以做3D打印，也可以做焊接，而且能够实现两者之间的有效技术连接，实现了高性能镍基高温合金构件的直接成型3D打印及其相关的焊接组装与再修复，打破了国外公司对高品质镍基高温合金生产技术及其相关产品设备（如航空发动机、增压器、燃气轮机等）的技术封锁。

"科学技术是第一生产力。"技术的每一次进步，都是科学的一次发展，更是对"卡脖子"的一次解锁，是对现实产业的一次赋能。

## 既有刺痛感,更有使命感

当"中美贸易摩擦""技术封锁""卡脖子""痛点"这些词语、字眼反复出现在媒体、网络,甚至成为街头巷尾人们都在谈论的话题时,梁莉总觉得有一种刺痛感,更有一种使命感。作为中国科学技术大学的博士生,她和她的团队决意所学要所用,在科技报国、科技兴国的道路上做出自己的努力。

随着先进制造日益成为制造业转型升级和未来工业4.0的重要发展趋势和核心内容,我国在大型装备制造领域存在许多亟待解决的痛点和难点。比如超合金是一种高端装备关键战略材料,在高端制造领域需求巨大,但是,传统的制造方式制备超合金装备面临工艺复杂、成型困难、产力低下的问题,金属3D打印技术作为我国先进的高端制备颠覆性技术之一,能够进行性能优越、大幅减重的3D打印构建成型,但是由于西方国家的技术封锁,目前难以实现大型装备一次性3D打印成型,因此必须寻求有效的连接方式。而寻求有效的连接方式途径只有一个:自主研发。

然而,"原创之路"却充满了荆棘。看似一个技术的"小"突破,背后凝聚的是梁莉和她团队的无数次实验、分析和改进,更是他们团队用所学立志报国的初心与决心所在。

好在有中国科大老师的指导,好在有中国科大双创学院的支持,好在有知名专家顾问为项目的先进制造技术研发进行全方位护航,好在有来自中国科大理论与应用力学、机械工程及自动化、仪器科学与技术等专业毕业的8位硕博研究生团队成员的不懈努力,梁莉团队终于开创了一种3D打印超合金装备解决方案,实现了集深度模拟、高品质临界成型、高效焊接组装以及焊接再修复技术的深度融合,其技术及解决方案可以广泛应用在航空航天、燃气轮机领域以及汽车行业。

## 看似云淡风轻，实则举重若轻

如今，梁莉作为项目创始人在谈到团队的这个创业项目时，看似云淡风轻，实际上却有些"守得云开见明月"的意味，显得举重若轻。这位个头不高的女孩，内心始终蕴藏着巨大的能量。这，或许正是中国科大学子的气质之一吧！

也曾有人不无担心地问梁莉："你们团队的这个技术，或者说解决方案，听起来也不是很复杂，难道不担心被人'拷贝'或者'抄袭'吗？"对于还在中国科大学习、大多时间在实验室度过的梁莉来说，这是一种担心，也是善意的提醒。

"他们不是不想，而是不能。"每逢此时，梁莉的回答都充满了睿智和自信。她说他们的信心源于技术上的壁垒："我们的产品是属于集深度模拟、成型、焊接组装、焊接修复的一体化闭环服务，单独拿出每一样，其他公司都可以做，但是把它做成闭环，不是某一家公司可以做到的。他们要做好，必须突破每一项技术，比如真材制造过程中的模拟软件的开发,开发之后还要能够实现高品质零件的小型零部件的3D打印成型。而且,我们团队是首次实现真空电子束焊接,这是其他团队没有实现的技术,最后还要对它进行再修复。所以我觉得这样一整套模式下来,技术壁垒还是挺高的。"

"艰难困苦,玉汝于成。"多位差耦合下的深度模拟,可以完成对合金构件性能的优化;复杂结构零部件的高品质打印,可以显著提升合金构件的性能,极大缩短制造周期;利用3D打印及真空电容焊接对局部损伤部位进行再修复,可以有效缩减制造成本。毫无疑问,这是梁莉和她团队的三大技术突破,更是他们敢于向市场"亮剑"的三大"法宝"。

## 创新无止境,创业践于行

"其作始也简,其将毕也必巨。"对于梁莉来说,她从大学本科阶段就开始进行高温合金的研究,也明白我国在这方面与西方国家之间的差距,一些高端技术和设备还要依赖西方国家,受制于人的现状让她开启了创业的想法。梁莉说:"创业是梦想的使然,也是我们年轻一代实现人生价值的最佳途径,创业能够在有限的人生里去做自己喜欢的事,并且把喜欢的事做大做强。"

作为一名女性项目创始人,梁莉跟其他普通女生一样,喜欢运动、追剧、音乐和旅游,具有女性的细腻、认真、耐心和善于沟通等特性。不仅如此,时间管理、制订计划并严格执行,是她在团队中备受信赖的重要原因。正因如此,她能够组织团队成员一起就项目问题进行讨论,快速推进项目的实施。

创新无止境,创业践于行。"创业对于我来说是一种历练,也是实现自己梦想的途径。"梁莉坦言,开启这个创业项目,让她改变了很多,更收获了很多,她有了更强烈的上进心、更加开阔的视野,尤为重要的是,她更明白了:作为一名中国科大学子,什么是肩负使命、勇于担当!

深秋的早晨,假如我们步行在中国科学技术大学美丽的校园,和梁莉擦肩而过,这位身材瘦小的女生或许不会给我们留下太多的印象,但是我们必须向像她这样的学子投以敬佩的目光。正是因为有一代代老科学家的坚守、奉献,有一批批梁莉这样的新生力量的接驳、传承,有一天,我们才真的能冲破"封锁线",不会被"卡脖子""卡脑袋",才会真正独立自主、扬眉吐气。

## 项目价值

随着先进制造日益成为制造业转型升级和未来工业 4.0 的重要发展趋势和核心内容,大型装备的高品质、高效率、高智能制备技术与服务面临巨大的机遇与挑战。金属 3D 打印(增材制造)技术依托自身独特的优势,逐渐成为未来制造业,尤其是航空航天领域的颠覆性技术之一。但由于西方国家对于我国的相关技术封锁和禁售及国内大型 3D 打印设备和技术的限制,大型装备无法一次性整体增材制造成型,只能选择合适的零件组装;并且,针对国内大型装备存在需求量大、利用率低、技术更新迭代速度慢等问题,因此,"爱智造"科技建立了"粉体设计制备-零件结构设计-SLM 成型-焊接组装与再修复-组织及性能评价"的一体化系统,旨在为高端大型装备需求商、企业、科研院所及设备供应商提供定制化、一体化和一站式的解决方案和闭环服务,为超合金技术应用及大国装备研究提供支持与助力,服务于我国国防相关重大科技创新战略目标。

"爱智造"科技通过专业光软件模块对激光 3D 打印熔池进行深度模拟以寻找最佳打印工艺参数,依据软件模拟结果进行实际件超合金零部件 3D 打印成型,并利用真空电子束焊接技术进行小型零部件的焊接,最终完成大型装备整体组装。大型装备破损后利用焊接再修复技术进行局部修复,提高零件使用效率。目前,产品已完成制备和组装,产品稳定性已完成初步阶段的测试。

超合金在航天领域(左上)、航空领域(右上)、燃机轮机领域(左下)、汽车领域(右下)的应用

定制化、全闭环服务解决方案

团队对Comsol软件进行二次开发,对制备零部件的熔化和凝固过程环境进行无限接近真实环境的模拟,得到最佳的理论制备工艺参数,利用得到的工艺参数进行实际工艺生产指导,得到实际的最佳工艺参数,并且可以根据实际需求调整相应的模拟参数,实现从工艺生产到零件性能的定制化服务。

利用金属3D打印技术中具有代表性的技术——SLM技术进行超合金的制备,不仅可以缩短制备周期,提高零部件的制备效率,还能够提高零件的服役性能。团队通过对粉末原料、铺粉方式、粉层厚度、激光功率、扫描策略等多种工艺参数的调控,实现了高性能小型超合金的3D打印成型,性能在同类产品里属于前列。对制备出来的零部件进行微观机理分析,利用EBSD晶体学分析技术进行深层次机理分析,并利用分析的结果对工艺进行调控,达到反馈效应,实现技术的快速更新迭代,能够针对性能需求调整微观组织结构,达到性能最大化。

超合金的焊接性能影响着超合金组装的大型装备的服役性能,但是3D打印制备的超合金零部件,由于其制备工艺与传统工艺不一样,导致其焊接工艺与传统焊接工艺有较大的差别。对于镍基超合金而言,团队率先实现了真空电子束焊接技术对3D打印超合金的真实焊接和再修复。电子束焊接的基本原理是:电子枪中的阴极由于直接或间接加热而发射电子,电子在高压静电场的加速下再通过电磁场的聚焦就可以形成能量密度极高的电子束,用此电子束去轰击工件,巨大的动能转化为热能,使焊接处工件熔化,形成熔池,从而实现对工件的焊接。本项目以EBM系列中型通用电子束焊机为基础,探索增材制造金属部件的焊接技术及焊接工艺。

超合金的金属3D打印技术含量较高,加工工艺较为复杂,成分设计、成型方案和后续热机处理需要技术积淀和不断创新。材料开发和生产工艺技术研发是本行业企业发展的根本。此外,由于合金本身的可焊性较差、直接成型零件的复杂程度及焊接常见的缺陷等,传统的焊接工艺较难满足金属3D打印镍基高温合金的高性能焊接。因此,高温合金领域存在着较高的技术壁垒,需要时间和资金的不断投入。新进入者要面临产品成材率低的问题,需要较长时间探索经验,进行技术工艺改良,以提升产品成材率。因此在研发投入方面,相关公司均需保持持续高投入。通过与铂力特、华署高科及中航迈特三家金属3D打印公司的比较,"爱智造"科技在成型装备尺寸、打印零件形状、精度、强度和复杂程度上占据绝对优势,且可成型材料种类多,可实现对破损零件的焊接再修复。通过与国内两家行业龙头企业的对比分析,"爱智造"科技在市场上有极大竞争力。

**与铂力特、华署高科及中航迈特三家公司的技术对比**

| 品牌 | | 铂力特 | 华署高科 | 中航迈特 | "爱智造"科技 |
|---|---|---|---|---|---|
| 实验性能参数 | 工艺模拟软件 | × | × | × | √ |
| | 最大零件尺寸(mm) | 800*800*600 | 720*420*420 | 600*600*3000 | 尺寸可达数米 |
| | 超合金强度(MPa) | 450~650 | 450~550 | 450~550 | 650~750 |
| | 可成型材料种类 | <60 | <50 | <20 | 60~80 |

**与两家龙头企业的差异化市场分析**

| 品牌 | 铂力特（行业龙头） | 华恒焊接（行业龙头） | "爱智选"科技 |
|---|---|---|---|
| 服务类型 | 金属3D打印 | 焊接 | 金属3D打印、焊接组装与再修复 |
| 客户群体 | 政府军工企业、普通民营企业、科研院所及高校 | 普通民营企业、科研院所及高校 | 政府军工企业、科研院所及高校 |
| 产品定制化程度 | 低 | 低 | 高 |
| 售后服务 | 无产品类售后 | 无产品类售后 | 对破损零件进行焊接再修复服务 |
| 服务保密级别 | 中等 | 中等 | 高 |

 访谈心声

**主持人**：你这个项目的主要应用场景在哪里？

**梁莉**：一是航空航天领域的应用，如航空发动机、航天器关键热端部件、涡轮机叶片等部件；二是燃气轮机领域的应用，如涡轮叶片、燃烧室和涡轮轮盘三大核心部件；三是汽车行业，如涡轮增压器、发动机排气管、内燃机的阀座、镶块、进气阀、密封弹簧、火花塞、螺栓以及热发生器等装置。

**主持人**：能用一句话向大众介绍清楚你的创业项目吗？

**梁莉**：项目团队致力于提供以大国装备中超合金的定制化服务为基础，面向军工企业、科研院所、高校及企业设备供应商等客户群，提供不同应用场景下的大型装备超合金模拟-制备-组装-再修复的一体化、定制化、个性化、全方位闭环服务，解决大型装备的关键技术难题，加快装备技术的迭代，深入开拓高端制造业市场。

**主持人**：为什么会选择创业？想用你的项目，去解决行业里的什么难题呢？

**梁莉**：创业是梦想的使然，也是我们年轻一代实现人生价值的最佳途径，能够在有限的人生里去做自己喜欢的事，并且把喜欢的事做大做

强,我愿意为了这件事去承担一定的风险,从而获取与风险相匹配的收益。之所以选择高温合金3D打印和焊接这个项目,是因为它是我国现阶段亟待解决的难题,也是影响我国国防事业继续发展的重要技术难点。

**主持人**:是什么原因促使了你开启创业的征程?

**梁莉**:我从本科阶段就开始进行高温合金的研究,也明白我国在这方面与西方国家之间的巨大差距,很多高端技术和设备完全依赖他们,受制于人,让我有了开启这方面创业的想法。

**主持人**:作为项目创始人,又是一名女性,你的优势和劣势分别是什么?

**梁莉**:作为一名女性项目创始人,我具有女性的细腻、认真、有耐心和善于沟通等特性。同时,我为人比较温和,能很好地与项目团队成员之间进行有效沟通,并且能组织大家一起就项目问题进行讨论,快速推进项目的实施。劣势主要是我可能过于追求完美,从而在时间安排上有欠缺。

**主持人**:追求完美为什么是劣势呢,它应该是一种优势啊。

**梁莉**:理论上它是优势,但是并不是所有事情都能做到完美。

**主持人**:那么你为什么还依然说要做到完美?

**梁莉**:没办法,我之前一直养成的习惯就是希望自己做好每一件事情。的确,这种习惯也带给我很大好处,让我能够走得比较稳,但是很多时候你又发现自己非常累,一旦累的话,你的精力、能量,不能完全聚焦在某一件事情上,在这种你最需要或者说认为最重要的事情上面没有达到想要的效果,就会觉得很心累。所以说有时候我觉得这个习惯应该改一改。但是很重要的事情,比如说你认可的事情就要做到很完美、很极致。

**主持人**:创业对你意味着什么?给你带来哪些改变?

**梁莉**:创业对我来说是一种历练,也是实现自己梦想的途径。首先,遇到困难我不会再逃避,而是想办法去解决,不能推卸;其次,创业让我有了更强烈的上进心,开始尝试学习自己曾经不会的或者不愿意学的知识、软件和技术等;最后,创业令我的视野更加开阔,对于市场的把握更加全面,并且自己的眼光也比较长远了。

**主持人**:创业过程中,你最大的担心是什么?

**梁莉**:最担心的还是团队成员之间在某些技术问题上的分歧或矛盾。所以我会去努力协调沟通好每个团队成员,尽量保证每个成员在项目问题上能达成一致,得出最佳解决方案。

**主持人**:创业是你的梦想,你也说要在有限的人生当中做自己喜欢的事。严格来说,这段时间不是创业,是创业的项目在准备推进的过程当中,你依然坚定地认为创业是你喜欢的吗?你认为创业对你的吸引力在哪些方面?

**梁莉**:首先,关于为什么我去做这件事情,是因为我觉得它有用,这是最基本的逻辑,我觉得它有用,我才去做。

**主持人**:论文也有用啊。

**梁莉**:论文对我个人职业生涯会有用,比如我找工作,或者继续做研究。但是创业能真正推动某一个行业或者某一个方向的技术突破,这点对我来说非常有意义。虽然说项目应用领域比较窄,但目前我国的确在这方面面临难题,被"卡脖子"了,这是没有办法的事情。国外的大型装备,半个月就能打印出来,我们只能一小块一小块地打印。而身处在中国科大这样的环境和学术氛围里,我觉得有这个责任、有这个使命去做些什么,如果能攻克,最好把它攻克了。

**主持人**:你觉得你能攻克吗?

**梁莉**:尽力吧。

## 创业者说

青年应立鸿鹄之志,做奋斗强者。在日新月异的今天,科技已然成为国际舞台竞争不可或缺的部分,想要强国富国就需注重科技研发。受制于人的"中国芯"事件令人捶胸顿足,这些都是我国的短板痛处,如若不补齐,后果将不堪设想。而青年一代,风华正茂、意气风发,奋斗强国正是急不可待!

 **专家点评**

  这个项目听上去技术非常高大上,但做企业不是推广自己的技术,创业者更不能只是把自己当作一个纯技术专家,创业者需要向投资人和客户证明的是自己还是一个企业家。

  首先,一个创业者只钻研技术、不开拓市场的话,那就是闭门造车,产品卖不出去就不能为企业带来稳定的现金流,就意味着企业走不长。任何一家企业一注册、一开张,就面临着多方面的成本:人员、设备,做试验,衣食住行,所以必须考虑资金问题,投资从哪来?客户从哪来?收入从哪来?利润从哪来?不论是从参赛角度,还是创业角度,这点一定要先想清楚。

  其次,所有的模式里,要把团队实力凸显出来。你的团队如何支撑,当一个项目不再是纯科研项目,而要转换成一个市场化项目、一个能赚钱的项目,团队是非常关键的。这个转换过程面临着大量的、与科研性质完全不同的工作,必须有相对应的团队成员才能够共同完成。你的股权分配就要体现这个团队的安排,如果没有人真正地给你提供帮助的话,你怎么做?所以,核心团队怎么界定?团队成员如何不断完善?团队如何分工?如何分配股份?这都是必须考虑的问题。

  最后,必须设置一个时间轴,如果你做一件事没有设置时间节点的话,那么这事大概率会遥遥无期地拖下去,一年、两年、三年五年都会拖下去。你在项目过程中的每一项工作都要有目标、有节点、有负责人、有承载的客户,是一环套一环的,这样才能保证项目具有可实操性、落地性。否则,你会很容易因拖延而偏离,最后反倒把事情做错,做的越多、错的越多,还不如不做,做企业必须关注效能。

大勇是基于理智的评估而承担风险的勇气，是"知难而上"，是基于责任的勇气，"明知山有虎，偏向虎山行"，对创业来说，更是在方向不明的时候能够奔着微弱的星光，带领团队坚定地朝目标前进的勇气。

——徐景明（讯飞产业投资集团董事长，中国科大创新创业导师）

# 国盛量子：
# 利用量子测量技术，实现高精度高稳定的磁场和电流测量

量子科技，新一轮科技革命和产业变革的前沿领域，将彻底改变人类的生活。量子精密测量，是利用量子资源和量子效应达到超越经典方法的高精度测量技术，运用在测磁领域会大幅度提高磁探测的灵敏度和分辨率。

国盛量子是国内首家量子传感器工业测量企业，自主研发基于量子精密测量技术的新型传感设备，实现新型量子传感设备的国产化。团队利用科技优势结合工业应用场景，持续推出量子系列产品，力争用高科技技术生产高端仪器设备，提高生产效率和产品质量，解决现有工业生产中的技术难题，促进工业发展，推动产业升级。

本项目将量子精密测量技术应用于电力系统电流测量，研制新型高精度量子电流计，将量子磁力传感技术、量子算法及光学

操控技术相结合,以开创性的量子测量技术,实现高精度、高稳定性、大动态范围的电流测量。该新型设备相较于传统设备在稳定性和准确度上均有大幅提升,可以广泛应用于电能计量、保护控制、电力系统自动化等诸多领域,为电力系统提供更加稳定、精确的基础数据,作为新型电力主设备,具有广阔的市场应用前景。

赵博文

物理学院博士

张少春

李 燊

王泽昊

单隆坤

 创客故事

## 开疆拓土,立志成为工业领域量子测量先行者

"虽然看不懂,就是觉得牛。"网友们经常用这句通俗易懂的话来形容高深莫测的高科技。假如我们对那些热度很高却很难理解的科技做个排行,量子说它排第二,估计没谁敢说自己排第一。

量子,这两年逐渐被世人所认知,但更多还是停留在概念的层面,熟悉而又陌生。量子究竟是什么?量子科技发展能带来什么?在当下,估计九成以上的人都会回答:不知道、不清楚。不过,赵博文属于另外一成之列。本硕博都在中国科学技术大学就读、已经从事量子精密测量方向研究十多年的他,怀着对量子科技的热爱,对量子产业发展的强大信心,于2019年在合肥创办了一家企业——"国盛量子"。

## 把握大趋势，下好先手棋

赵博文思维活跃，和他聊天，语言表达清晰，要不是发际线比较高，侃侃而谈的他会被误认为是位文学博士，而不是位理工科博士。虽然他刚创业不久，却给自己的创新企业取了个超级响亮的口号：做全球量子工业领军企业。

严格地说，赵博文的创业项目不是他的"独创"，而是师生共创组项目，由中国科学技术大学孙方稳教授带领赵博文及其他成员组成项目团队，项目名称很直白——"量子工业测量"。

在赵博文眼中，随着量子的百年发展，随着量子理论的不断进步，目前我们身边众多科技类的产品，都是第一次量子革命的成果，在这个过程中，我们已经悄无声息进入第二次量子革命时代。而随着量子理论和技术的逐步发展，随着需求与产业化的逐步结合，在社会各行各业对于更高算力的计算、更安全的通信和更精密的测量有更大需求的时刻，量子的三大产业应运而生：量子通信、量子计算和量子测量。

赵博文和他的团队专注于量子精密测量行业。他们的创业项目就是利用量子测量技术，实现高精度、高稳定的磁场和电流测量，应用在电力特高压直流送变电领域，能够解决现有产品精度不足、稳定性差和依赖进口的问题。项目的应运而生自然和赵博文多年研究的专业息息相关，并且，赵博文还有自己的一整套逻辑："2018年，国际计量大会通过量子计量标准化，这标志着以量子精密测量为标准的量子工业时代全面到来。现今在国际上的大国博弈竞争中，量子科技无异于是科技的制高点。我国在计算与通信领域目前处于世界先进水平，但是在量子测量领域还不具备优势。面对这样的局面，我们团队希望可以利用量子测量技术做成果产业化应用的项目。"

说这话，赵博文是有信心和底气的。"把握大趋势，下好先手棋"，近年来，国家对量子科技发展高度重视，将其提升至战略高度，围绕量子的研究、产业都在蓬勃发展。他求学的中国科大拥有量子国家实验室,实验室主任是量子领军人物郭光灿院士。科研上,实验室拥有众多"第一";产业上,在测量、通信以及计算领域都在不断实现众多突破。赵博文相信,从这样的实验室走出来的团队,完全有理由、有能力、有信心在量子世界"开疆拓土",成为量子精密测量在工业化应用的先行者。

## 立志于成为行业先行者、开拓者

赵博文是个金庸迷,他最喜欢的金庸小说人物是《射雕英雄传》中的郭靖。在赵博文心中,郭靖憨厚老实,虽然话不多,但是练功愿意下苦功夫,一步一步成长。更为重要的是,郭靖刚开始是一个"小白",而后遇到一些机遇,又能抓住这些机遇,从而成长为一个大侠,心中从未舍下家国情怀。侠之大者,为国为民,当是如此。赵博文希望自己的创业项目也能像郭靖那样,稳扎稳打、一步一个脚印,逐渐成长壮大,最终攀上中国乃至世界量子工业的高峰。

如今,智能制造已经成为先进制造业的趋势,智能工业、数字工业的技术都需要大量传感器,只有传感器全面提升,整个工业发展才会进一步提升。赵博文说:"短期的想法是能够解决一些传感器行业的问题,能够把这个技术带出实验室。量子精密测量,就是更高精度的测量。这一类技术的关键前沿就与传感器有关,把这类传感器做好、做出来,我就觉得非常有成就感。"作为"量子工业测量"项目学生团队的负责人,赵博文的角色定位是负责研究制定成果的产品化、产业化路径。赵博文曾在江苏工作过两年,对企业运作以及产业化有一定的了解。虽然只有两年的工作经验,但赵博文还是与团队一起制订出了"三步走"计划,并针对现实应用给出了产品化的解决方案,他们研发的量子电流互感器、磁力传感器等设备,经过工业化测试,具有精度高、稳定性强、应用场景广的特点。

更让赵博文感到欣慰的是,公司虽然起步不久,但已经受到众多合作单位以及意向合作单位的青睐,签订了百万元级的研发合同。虽然目前还是以技术开发为主、产品销售为辅,但他相信,未来随着工业界对于测量的需求,结合新型精密测量技术的产业化应用,会催生出一个新的产业链以及万亿元级的市场。

"我们希望我们的量子传感技术可以引领数字工业,量子测量可以引爆工业革命。国盛量子立志于成为工业领域量子测量先行者、量子工业测量行业开拓者。"这是赵博文对公司未来发展的定位,更是他的勃勃雄心。

## 从小就有一个创业的梦想

听闻了赵博文的经历和项目介绍后,曾有专家评价赵博文说:"你一只脚已经踏入了企业家的门槛。"这样的评价对赵博文而言无疑是肯定,更是鼓励。因为赵博文从小就有一个创业的梦想,原因在于他喜欢独立思考问题,喜欢差异化发展。

或许就是这从小的梦想一直盘旋在赵博文的心中,挥之不去,才促使他走上了创业的道路。其实,赵博文毕业后面临过选择,中国科大科班出身,博士的头衔,走到哪里都很"吃香",研发机构都抢着出高薪资。但是,在江苏工作两年后,出于家乡情怀与城市科技基础的考量,经过对量子发展"天时、地利"的理性分析后,他还是回到合肥,选择了创业。

然而,与科研相比,创业的复杂程度远超赵博文的想象,开门就是"油盐酱醋茶",既要做产品研发,还要做市场推广、组织架构、人才寻找等。在创业之前,赵博文曾尝试过多种方法,寻求过多种方式的合作,与高校、企业、政府共同探索产业化道路。但是,这些合作均因种种原因宣告失败,最后他经过理性分析,终于下定决心自己做。

刚开始没有投融资,完全从零开始,很多问题都要自己解决,十分不易。2020年上半年,因为疫情,叠加资金困难等因素,公司一些优秀人才先后流失,甚至只剩下一两个人。但是,赵博文有个好心态,咬牙坚持住了,他说:"就算我一个人在战斗,我都感觉身后有千军万马。"支撑他的是在中国科大学习的理性思维与收获,是"不信东风唤不回"的信念。在压力面前,赵博文反而会变得更加理性,他总是把解决问题作为首要任务,把事情按照重要性进行排序,并逐一解决。"很多事情要想得更长远一些,要看到产业未来的发展方向,这样才能引领产业向正确的方向前行。"赵博文说。

经过短暂的阵痛,如今,赵博文的团队成员已经达到20人,团队在不断扩张,企业发展持续向好。赵博文也深知,量子投入大,产出慢,短期快速"变现"能力弱,但是他依然信心满满。赵博文说,不同的时代有不同的机遇,他想成为爱迪生一类的企业家,为社会做一些有意义的事情:"我现在还年轻,希望可以做一件可以长期投资的事情,哪怕一年、两年、三年没有结果,但是我会获得成长,这个行业也会因为和我同道的开拓者的推动慢慢地往前走。我相信未来若干年甚至之后我的人生长河中,这个产业一定会越来越好,我希望可以把这个行业做起来,为民族工业做一些事情。"

## 项目价值

量子精密测量,是利用量子资源和量子效应达到超越经典方法的高精度测量技术,应用在测磁领域会大幅提高磁探测的灵敏度和分辨率。本项目将量子精密测量技术应用于电力系统电流测量,研制新型高精度量子电流计。将量子磁力传感技术、量子算法及光学操控技术相结合,以开创性的量子测量技术,实现高精度、高稳定性、大动态范围的电流测量。该新型设备相较于传统设备在稳定性和准确度上均有大幅提升,可以广泛应用于电能计量、保护控制、电力系统自动化等诸多领域,为电力系统提供更加稳定、精确的基础数据,作为新型电力主设备,具有广阔的市场应用前景。

本项目量子设备检测仪将高精度的量子精密测量技术和智能感知深度学习技术进行优势结合,创造性地研发新型设备检测仪,用于包括但不限于电气设备的各种设备的物资质检领域。利用量子精密测量技术对电气设备的电场、磁场进行高精度测量,建立各类电气设备场强分布数据库,利用深度学习技术完成对电气设备状态的智能感知,实现对设备缺陷的快速定性、精准定位和严重性判断,能够在缺陷形成的极早期进行预警,避免因缺陷扩大而造成的设备故障,甚至起火、爆炸等严重事故。

该项目技术主要由量子精密测量系统、机械扫描硬件系统和三维成像控制软件系统三个部分组成。

**量子精密检测仪概念图**

该设备创新点突出。在量子精密测量系统方面,该设备为国内首创,将量子测量应用于工业化的实际场景,利用量子测量的高精度对电气设备周围环境的电磁场进行传感和探测;在三维机械扫描系统方面,该设备结合3D打印技术与自动化控制系统,自主研制了三维机械扫描系统,位置精度为2毫米,角度精度为1度;在三维图像重构系统方面,该设备利用Python语言编写,并以PyQt5为基础搭建了软件的基本框架,包括通信配置、数据可视化以及主界面显示与控制,形成了可以实时成像的点云三维数据呈现图,最后经过图像处理得到电气设备三维电磁场成像图样。

**产品实样图**

目前,公司产品主要用于电气设备的物资质检。电气设备是电力系统重要的组成元素,其正常稳定运行是电力系统安全可靠运行的重要基础。由于原材料、设计、制造工艺、运输、安装等原因,绝缘可能存在瑕疵,如果不能及时发现,电力系统运行过程中将会产生局部过热、甚至放电等缺陷,严重时将导致设备起火爆炸,危害电网及人身安全。据统计,近三年330千伏及以上电气设备故障导致的跳闸事故高达上百次,其中变压器、电流互感器导致的跳闸事故占比最大,高达27.6%。

目前,变压器套管、电流互感器等少油设备运行状态下的检测手段主要有红外热像检测、紫外检测、相对介质及电容量检测等。传统手段仅能有效检测较大程度绝缘缺陷导致的明显发热、放电现象,但难以发现小范围集中型的早期缺陷,而这类缺陷恰恰可能发展迅速并导致恶性故障的发生。

团队结合中国科学技术大学以及中国科学院重点实验室力量,在国内拥有最先进的光学量子精密测量技术,未来可以长期得到量子技术支持,在核心技术领域拥有绝对竞争力。

 访谈心声

**主持人**："量子"这个词,对咱老百姓来说既熟悉又陌生。量子到底是什么？量子测量对我们的生活又有哪些推动与改变呢？

**赵博文**：量子是一个物理概念，来源于量子力学，英文是"quantum"，是一份一份的意思，可以理解为能量不是连续的，是一份一份的，传达的是波粒二象性的概念，现在在科技上泛指利用量子效应的一类高科技技术。对应我们的生产生活中，比如，我们对更安全的通信、更高速度的计算和更高精度的测量有需求，解决方案都是需要用到量子技术的，形成的产业就是我们熟知的量子通信、量子计算和量子测量。

**主持人**：如果用一句话向普通人介绍清楚你的创业项目，你会如何介绍？

**赵博文**：利用量子测量技术，实现高精度、高稳定的磁场和电流测量，应用在电力特高压直流送变电领域，解决现有产品精度不足、稳定性差和依赖进口的问题。

**主持人**：量子科技是国家重点关注的前沿领域，你也预见到了，量子

产业未来肯定是很好的朝阳产业,但是它的发展又会是比较漫长的过程,尤其是快速盈利很难,你为什么不选择一个比这个难度小一点的创业项目去开展你的创业,而偏偏选择量子呢?

**赵博文**:第一,我做量子,因为对它有感情,并且我有这方面的技术,这是我的优势。第二,我做科研,我会比别人对待这个产业的预期更真实一些,有些企业要么是过高的预期,要么是过低的预期,而对量子我能够把控到合理的预期,我现在还年轻,希望可以做一件能够长期投资的事情,哪怕一年、两年、三年没有结果,但是我会获得成长,这个行业也会因为和我同道的开拓者的推动慢慢地往前走,但是我相信在五年、十年甚至之后我的人生长河中,这个产业一定会越来越好,我作为这个行业的先行者,我就有先手的优势,我想得比较长远,这是一个预期吧。

**主持人**:你的创业项目,何时才能得到大规模运用?项目盈利周期大概需要多久?

**赵博文**:量子属于高科技领域,想要大规模应用需要3~5年,才能逐步被工业企业应用,目前主要是科研院所和科技企业在用。盈利周期预计5年。

**主持人**:你曾在江苏工作过两年,从就业到创业,从发达省份回到家乡合肥,是什么促使你做出创业选择?

**赵博文**:首先我是土生土长的合肥人,其次我本硕博都在中国科大就读,目前老师和师兄弟也都在学校,所以不论是情怀还是科技基础,都在合肥,所以回来了。此外对于初创企业,在合肥成本也会低一点。

**主持人**:创业对你意味着什么?创业给你带来哪些改变呢?

**赵博文**:创业对我来说,是一次全新的挑战。毕业之后没有平台和资金的帮助,从零开始,逐步发展,是一段难得的成长经历。创业后,我的思考变得更加全面了,对于新知识的学习主动性提高了,视野和格局也更开阔了。

**主持人**:每一家企业,特别是初创企业,在创业的过程当中,常常会有很深刻的感受。从中国科学技术大学有专业技术背景的博士转型为企业的CEO,对你来说,优势和痛点分别是什么?

**赵博文**:我的优势是对技术这一块比较懂。长期的研究,更让我看好量子方向,它一定是一个好的趋势,但就要看什么时机。科技的发展是基于物理学的理论进步,理论分为经典物理和量子物理两个阶段,这是不可阻挡的趋势,只是需要经历一个慢慢被大众所熟悉的过程而已,这个过程有可能是漫长的,有可能是短暂的,有可能是随着某些技术的诞生或者技术的突飞猛进而迅速来到我们的身边。这和当年计算机产业一样,有很多历史性的原因和不确定性在这里面,我只能说我们选择了一个很好的趋势。

至于痛点,之前博士阶段只是负责做项目的某一个阶段,很多事情是由团队协作完成的。但是成立公司了,虽然核心关键技术问题很重要,但是如何把这个问题思考得更全面,任何一件事情从开始的需求分析,做出产品,再进行销售推广,每一个环节都非常重要,任一环节的失误都会造成项目的失败。这些都需要我去考量,非常复杂。

**主持人**:中国科大在量子领域取得了丰硕的研究成果,你也走上量子创业的道路,母校和母校的这些老师们对你的影响有多大?

**赵博文**:我非常喜欢母校的校训"红专并进,理实交融",而且母校真的教导我们"科技报国,实业兴邦"。这么多年在中国科大,看到校企做得非常好,让我们内心非常澎湃,要知恩图报。我觉得母校给了我们很多教导,我特别想把自身的价值发挥出来,发挥到有用的地方去。

 创业者说

"科技强国,青春报国"是我的理想,也是我一直践行的理念。国际风云变幻,我们作为有志青年,要时刻保持忧患意识,发挥自己的长处,利用自己所学的知识和思考分析问题的能力,合理利用社会资源,将资源投入到正确的领域和方向上,用有限的能力最大化地建设家乡,报效国家。把有限的青春和精力投入到建设国家的伟大事业中去,是无悔的,是值得的。

## 专家点评

从一个学术专家、技术专家踏入企业家行列,真的非常难。首先,任何事都讲究天时、地利、人和,天时是第一位。20年前大家都知道人工智能是好技术,但是没有落地场景,我们就称为天时未到。做投资、做企业也是一样,天时很重要,如果过早介入,基本上必死无疑,如果介入过迟,可能又错过了发展的黄金时期,所以找准这个点非常关键,而国盛量子也恰恰符合了天时这一条件。

其次,科技创业者需要重视客户分析。创业初期的第一桶金一定来自识货的有钱人,来自有能力购买你的技术的人。所以创业前期必须分析目标客户,你的技术卖给谁可以获得更高的利润、可以获得更好的市场效率?谁能识货?这一点不仅创业者必须找准,也是投资人更愿意看到的,因为如果能把更好的市场发展路径规划出来,项目的未来价值会更大。从落地角度来说,给这个项目一个建议,一个好的技术项目,融资上可以适当扩大一点,因为真正好的投资人,是识货的!

第三,作为一个科技创业者,你要努力去感动投资人,让他产生对你的钟爱,你往这一站,投资人就认为,不管你干什么我都愿意投你,这样你就成功了。这是从科学家转变成企业家的一个过程。大家都知道爱迪生是最伟大的发明家,别忘了,他也是最会挣钱的企业家。希望将来中国科大的同学们都有这种能力,把创业舞台变成真正展示整体实力的舞台,把所有人都吸引到这个舞台上来。

最后，企业家要学会用人。怎么用人是至关重要的，创业者要小心，不要一味陷入到技术里。要想做到这一点，必须找准自身定位，还要让你的员工准确定位自身，团队的概念不只是简单地把班子搭起来，更多的是要形成有效的合作机制、协同机制，这样才能形成真正的团队，而不是小团伙。这种团队搭建一定要靠制度驱动、靠文化驱动，尤其是针对高科技企业，前期的稳定性直接影响你后期的发展。

创新创业教育的价值,在于他在学子的心中播下了一颗种子,不是所有的种子都会发芽,但一定会有种子长成参天大树。

——李津徽(海南戴福投资合伙企业合伙人,中国科大创新创业导师)

# 金石陶瓷：
# 制备国际一流冷却效果的航空发动机叶片专用陶瓷型芯

航空发动机是航空产业的"心脏"，而空心涡轮叶片被誉为制造业"皇冠上的明珠"，复杂内腔结构叶片是航空发动机最核心的技术。但现阶段复杂内腔结构空心叶片的自主生产，面临国内技术落后、国外技术封锁的困境。这成为了航空发动机的"卡脖子"难题，而陶瓷型芯是空心叶片制备的前提和基础。

金石陶瓷团队历60载风雨，秉科技报国初心，致力于空心涡轮叶片复杂内腔结构的复杂陶瓷型芯生产，研发了具原创性的光固化3D打印陶瓷型芯技术，并基于材料计算模拟、机器语言学习等方法首次搭建3D打印陶瓷型芯工艺和成分智能优化系统，以"零模具、低成本、短周期、高效率"的颠覆性陶瓷型芯技术，克服传统工艺难以制备复杂结构陶瓷型芯的难题，实现复杂内腔结构叶片的快速迭代。

李乔磊

材料科学与工程学院博士生

张雪纯

穆亚航

## 金石陶瓷真得能"点石成金"吗?

"为什么项目取名为金石陶瓷?有什么特别的含义吗?"

"金石,其实就是点石成金的意思,我们用陶瓷粉末来制造陶瓷型芯。陶瓷粉末就是石头粉末,这个技术就带有点石成金之意。"面对访问者,李乔磊的回答通俗又自信。

这位2020年进入中国科学技术大学材料科学与工程学院(金属研究

所)攻读博士学位的大男孩,长期从事增材制造陶瓷-金属复合材料的研究,是妥妥的一名"学霸"。他的创业项目名字则更为霸气:"金石陶瓷:开启全球3D打印'芯'时代"。

## 不仅仅是创业团队,更是技术研发团队

突破传统技术难以制备更复杂陶瓷型芯的瓶颈,缩短生产周期超过95%,降低成本超过90%,这是李乔磊金石陶瓷创业项目给出的技术和一组数据。

金石陶瓷项目是否真的如李乔磊所说,能开启全球3D打印"芯"时代?这个问题或许还需要时间的验证,毕竟,从科研探索到科研产出,再到科研成果产业化应用推广,是一个循序渐进、不断完善的过程。

不过,李乔磊说,"金石陶瓷"不仅是一个创业团队,更是一个技术研发团队,团队有着60年的科研积淀,始终根植国家重大装备发展的科研事业,他们瞄准的"靶心"是祖国的航天事业。

航空发动机是确保国家安全的高科技核心战略装备,空芯叶片是其重要的组成部件,叶片内部空芯叶片的复杂程度极大影响叶片耐温能力,陶瓷型芯就是用于制备叶片内部型芯结构的关键部件。

为什么选择这样的研究与创业项目?李乔磊有着自己深度思考后的逻辑:中国大飞机飞上天了,让整个中国都为之欢呼,但"我国航空发动机较国外落后1.5~2代"是目前我国航空事业的发展现状。复杂内腔结构的空心叶片还要依靠进口,而且国外只售卖整机,价格昂贵。复杂内腔结构叶片是航空发动机最核心的技术,而光固化3D打印技术制备陶瓷型芯是空心叶片制备的前提和基础。

让李乔磊坚定不移、砥砺前行的是,光固化3D打印制备陶瓷型芯技术凝结着师昌绪、胡壮麒两位院士的辛苦付出,一甲子的科研积淀。虽然两位院士已经仙逝,但给继任者留下了宝贵的"遗产"。2018年,这一技术获得国家重点研发计划专项科研经费支持。2021年,项目团队完成

了国家重点研发计划,与安徽应流集团达成合作,在安徽应流集团霍山铸造有限公司搭建了国内首条光固化3D打印陶瓷型芯示范应用生产线,陶瓷型芯即将落地。

"金石陶瓷致力于改变国内复杂内腔结构叶片靠进口的'卡脖子'现状,让中国的飞机翱翔在世界之巅。"这正是李乔磊的梦想与追求。

## 你未来的科研追求是什么?

和众多科研工作者一样,李乔磊骨子里热爱科研,热爱他所从事的研究方向。然而,每个科学工作者科研追求的形成跟一个人价值观形成过程是一样的,李乔磊也是经历了一个漫长的迷茫和探索期以后,才慢慢形成了从坚定追求科研,到通过创业为自己的科学研究成果打开一个应用的窗口。

李乔磊2015年进入实验室开始了自己的科研生活,最开始他就沉浸在科技前沿的探索中,每天重复几乎一样的轨迹:学习课题相关的新知识,做实验、做检测、写论文、申请专利和做报告等。直到2020年,他到了中国科学技术大学材料科学与工程学院,遇到了他的博士生导师李金国

研究员。

有一天,李老师问李乔磊:"乔磊,你未来的科研追求是什么?"导师的突然发问让李乔磊有点发懵,之前他从未认真思考过这个问题。

从科研角度来说,李乔磊在硕士阶段比较顺利,硕士3年,发表了13篇学术论文,此前的追求就是做实验,发表新论文,申请新专利。做科研的追求到底是什么?难道真的只是做实验、发论文?面对导师的追问,李乔磊一时也给不出很好的回答。那一段时间,他陷入了迷茫之中。

虽然李乔磊热衷科研,但他也清楚地知道,科研绝对不仅仅是做实验、发论文、写报告,必须有其他更高的追求。经过很长时间的思考,李乔磊觉得应用才是科研的追求和最终目标。"我就觉得所有学术研究必须找到一个出口,才能寻求到自己一直奋斗的方向。有一个出口,让它真正应用起来,看着它一步一步地成长,这样才应该是一个科研人的最终目的。"

那一刻,他如释重负。

"如果应用达不到你的预期,或者应用失败,它会打击你的创业热情吗?"曾有人这样问李乔磊。

"不会,因为现在我们的产品是航空领域即将要突破的瓶颈。如果我们尝试成功了,就把这个'卡脖子'问题给解决了;如果尝试不成功,那也给其他人提供了一个案例,告诉他们这个技术达不到预期。"李乔磊的回答很坚定,"我们的理念是成为先驱者,给大家探路。"

## 一种全新生活方式的开始

创业意味着什么?有人说是一种历练,有人说是心态的调整,有人却面临无数的煎熬。每个创业者都会给出不同的答案。

翻开李乔磊的简历,科研成果斐然:发表中英文学术论文22篇,其中第一作者16篇,申请国家发明专利27项,其中授权专利8项。他还多次参与国家重点研发计划、国家自然科学基金、企业技术开放等科研项目……

这样一位从骨子里热爱科研的博士生,在做科研的同时,开始走上了创业的征程,立志要把论文书写在创业的道路上。对李乔磊而言,创业将是从未有过的别样体验:"创业意味着一种全新生活方式的开始,也是一种全新思维模式的开始。"对于长期在实验室从事科研工作的他,创业前的生活是规律的,一心专注于科研,而初创企业需要更加灵活的作息,全天候待岗,还要兼顾科研以及产业化成果的投入转化。

思维模式的转变是李乔磊的又一收获,创业前是根据现有条件解决问题,遇到科研难关时有其他科研人员共同探讨,通过思维碰撞找出最优解决办法;创业后是各方面条件都不足,自己要去尽力争取条件来解决问题,遇到困难需要聆听创业合伙人的意见,也更需要自身做出果断且正确的决策。

当然,开始创业后,李乔磊的社交圈子变得更广了,以前是完全而又单纯的科研学术圈,如今要与各行各业的精英打交道,变得复杂多了。好在李乔磊适应比较快,因为从创业那天开始,他已经有了一定的心理准备。

如今,再度回想导师李金国研究员的"未来科研的追求"追问时,李乔磊的思路变得更加清晰:"我想通过创业帮助自己所研究的技术和产品走出实验室,走到工业运用的前沿去。我想通过光固化3D打印技术制备陶瓷型芯,来改善国内复杂内腔结构叶片靠进口的'卡脖子'现状,并把这项技术不断推广到国防军工、海洋装备、机械装备、汽车制造等领域当中,真正为祖国高科技前沿领域的发展做出贡献。"

项目价值

航空发动机是飞行器必不可少的零部件,其特性直接影响着飞行器的寿命。而航空发动机空芯单晶叶片更是发动机的关键组件,影响着发动机的性能及使用寿命,被称为"王冠上的明珠"。现如今,提高航空发动机涡前温度是提高推重比的重要手段之一,空心叶片制造技术也因此得到迅猛发展。为了提高叶片冷却效率,叶片内部空气流道结构日渐复杂,进而对陶瓷型芯的需求也越加严格。

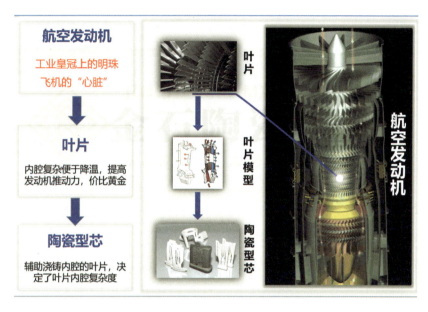

航空发动机空芯单晶叶片重要价值示意图

陶瓷型芯的生产水平对空心叶片的性能起着决定性作用。近些年来,各国致力于研究陶瓷型芯的制备等相关工作并且高度保密,尤其是在材料的配比、制备方面更是绝不公开,可以说是相关公司的立根之本。国内利用传统工艺制备陶瓷型芯的技术已经逐步成熟,但是其生产周期长等缺点不可避免。近年来,随着光固化成型技术研究的逐步深入,利用光固化增材制造技术制备陶瓷型芯的工艺得以迅速发展。

光固化 3D 打印陶瓷型芯技术具有独有的优势:集设计与制造为一体,无需工装模具;通过建立 CAD 树脂模型,通过光固化逐层成型获得实体构件工艺流程短,制备周期可缩短至 5~7 天。在光固化技术基础上,结合材料计算模拟、机器语言学习等方法,开发设计了陶瓷型芯工艺设计及成分优化系统。在节省成本的同时,解决了型芯后续开发的问题。

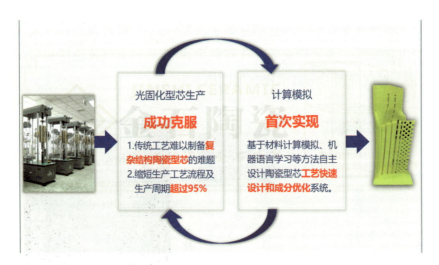

**光固化3D打印陶瓷型芯工艺为叶片复杂内腔结构快速制备提供了一种途径**

在了解传统工艺的基础上,利用光固化3D打印技术弥补传统工艺缺点,缩短型芯的生产周期。并且基于材料计算模拟、机器语言学习等方法研究设计了陶瓷型芯工艺快速设计及成分优化系统。在解决了生产问题的同时,也为型芯、空心叶片的迭代更新提供了更简洁的方法。

本项技术的突出优势为:

(1)生产工艺流程短。

(2)与传统陶瓷型芯制备工艺相比,本项技术无需设计、制造压注模具,大幅缩短生产周期。

(3)通过光固化3D打印陶瓷型芯技术成型的陶瓷型芯,集型芯的设计与制造为一体,省去了工装费用。

(4)通过光固化3D打印技术能生成更复杂形状的陶瓷型芯,加快航空发动机叶片的升级速度。

(5)基于材料计算模拟、机器语言学习开发的快速增材制造陶瓷型芯设计与成分优化系统,更新迭代速度快、迭代成本低。

## 技术优势

| 传统工艺 | 优点 | 缺点 | 本产品弥补性优势 |
|---|---|---|---|
| 模具设计 | 可以依据生产需求进行相应设计 | 模具设计根据型芯的形状及尺寸设计后还要考虑充型等问题,综合考虑因素较多 | 光固化3D增材技术舍弃了模具设计阶段,转为CAD树脂模型设计,直接根据型芯生产需求绘制型芯生产形状 |
| 模具制备与调整 | 在正式投入生产时,可以较为稳定地控制素胚尺寸,快速、稳定批量生产 | 模具在生产过程中出现各种问题便需要调整设计后重新制备,严重影响了整个型芯的生产周期,导致大部分的时间都用来设计、调整模具 | 光固化增材制造技术无需制备、调整模具,缩短整个工艺的生产周期 |
| 成型设备性能 | 可长时间持续生产 | 持续生产时模具会产生变形、型腔残余剩料等问题,且设备占据空间较大 | 光固化3D打印设备已经集成化,占用空间小,且避免了模具使用的相关问题 |
| 生产成本与效益 | 模具安装完成后可大批量生产 | 前期投入大量的人力、物力、财力用于模具的制备,提高了生产成本的同时降低了总的生产效率 | 节省了大量的前期投入,在成本方面具有传统方式不可比拟的优势 |
| 传递迭代升级方式 | 在实验的基础上不断尝试,使优化结果更有实际数据支撑 | 通过文献查询、实验等方式不断地调整相关的工艺参数,然后不断重新设计、制造模具,导致迭代时间过慢 | 通过模拟计算代替大量的实际摸索,在计算模拟的基础上调试,节省大量人力、物力以及财力 |
| 生产工艺 | 近年来已经基本完善成熟,形成了较为稳定的生产方式 | 工序工艺复杂且周期较长,生产成本高 | 在保证型芯性能的同时节省工艺周期与生产成本 |
| 后续研究开发与迭代升级 | 通过实验不断改进工艺参数及工艺流程,拥有大量的数据支撑 | 通过实际实验结果优化工艺流程及型芯性能过于占用研究资源 | 通过模拟计算简化研发步骤,在计算模拟的基础上通过实验验证模拟结果,节约投入成本 |

# 访谈心声

**主持人**：你的项目对中国大飞机的自主研发制造，能带来哪些推进作用？

**李乔磊**：航空发动机是通过燃烧室产生1700摄氏度的高温高压气体去推动涡轮叶片高速旋转，产生巨大的推力，使飞机得以飞行。现在所使用的叶片材料，耐受温度最高只能达到1200摄氏度，所以需要气膜冷却技术将高压的冷气通入叶片内部复杂的空心流道，然后通过叶片内部流道通向外表面的气孔在叶片表面形成一层均匀的气体保护膜，叶片内部的冷却气流和表面的气膜能提高叶片的耐受温度，让叶片能承受更高温度和更高压力的气流冲击。

利用传统工艺制备更复杂的陶瓷型芯遇到了巨大的瓶颈，亟须一种新技术来实现复杂陶瓷型芯的制备。光固化3D打印陶瓷型芯技术，无需模具，通过树脂模型逐层成型转化为三维实体，是快速制备更复杂陶

瓷型芯的一种可靠的工艺。

该技术能为更复杂的型芯生产提供一种可靠工艺,为更高代次的空心叶片制备复杂内腔结构提供陶瓷型芯基础,也能为更多海洋、军工、机械等领域的复杂中空零部件的制备提供陶瓷型芯。

**主持人**:是什么原因促使你开启创业的征程?

**李乔磊**:我2015年进入实验室开始了自己的科研生涯,从一开始我就沉浸在科技前沿的探索中,每天重复几乎一样的轨迹:学习课题相关的新知识、做实验、做检测、写论文、申请专利、做报告等。直至我到中国科大材料科学与工程学院,遇到了我的博士生导师李金国研究员,他问我:你未来的科研追求是什么? 我一时不知所措,但我清楚地知道科研绝对不仅仅是做实验、发论文、做报告,需要有更高的追求。经过很长时间的思考,我认为应用才是科研的追求和最终目标,从此我就开启了创业的征程。

**主持人**:在创业过程中,到目前为止遇到的最大瓶颈或挑战是什么?

**李乔磊**:到目前为止遇到的最大瓶颈是资源整合的问题,上游、下游的整合和市场的切入。

**主持人**:你说你有一天突然顿悟了,觉得科研的追求应该还是在应用领域,现在应用的状况怎么样?

**李乔磊**:现在整个项目属于前沿科技技术,以前传统技术是用热压铸工艺制备,但是热压铸工艺现在面临着一个瓶颈:无法制备复杂型芯。我们想用新技术制备更复杂的陶瓷型芯。产业链下游需要一定的接受过程,现阶段在安徽的产业下游公司已经开始适用。

为什么会突然顿悟呢? 从做科研的角度来说,我在硕士三年期间发表论文、参加学术讲座都很顺利,以前一直也就是在追求着做实验,一直到博士阶段,导师突然问我,当时我就迷茫了,我不知道是不是应该继续这么追求下去。

**主持人**：如果你现在看中的应用不达预期，会打击你的创业热情吗？

**李乔磊**：也不会，因为现在我们的产品，是航空领域即将要突破的瓶颈。如果没有人来做这件事情，内腔结构这一块会卡在传统的热压铸工艺而无法达到复杂型芯制备的节点上，所以需要有这么一群人去尝试，如果尝试成功了，就把这个卡脖子问题解决了；如果尝试不成功，那也给后人提供了一个案例，告诉他们这项技术达不到预期。我认为航空领域需要突破这一点，我们的理念就是成为先驱者，为大家探路。

## 创业者说

青年一代有理想、有本领、有担当，有科技就有前途，有创新就有希望。实现科技强国的宏伟目标，广大青年生逢其时，也重任在肩。作为青年工作者，我们要主动将个人的奋斗目标融入国家和民族科技创新奋斗的大潮中，将个人的命运与国家和民族的命运紧密相连，在关键科技领域上下求索，寻求突破，并逐一打破国外的高科技封锁。时代要求我们更具奋斗和奉献精神，孜孜不倦地汲取知识，在学习阶段把知识基础打牢，勇于对关键共性技术、科学前沿技术进行深挖和突破，把实验室的科研成果转化到应用之中。

## 专家点评

在项目资料中形容这项技术为"革命性"技术,从创业者角度来说,我建议慎用"革命性"这种词汇。因为站在投资人的角度,革命性的技术往往意味着很高的成本,这种成本往往不是简单的技术应用的启动成本问题,而是一个"从0到1",甚至要对目前的工艺属性和技术逻辑进行巨大改变的问题。这样的工作量是十分庞大的,意味着要耗费巨大的人力、物力和财力才可能解决问题,同时这里面还可能隐藏着巨大风险,这些风险有可能已经严重超出了投资人能够承受的能力。创业者选择这样的创业项目需要慎重。

其次,很多项目中都提到了成本的概念,很多项目在陈述项目优势时,就是对目前的产品和技术实现了成本的大幅下降。但对于投资人而言,他们真正关注的是实现"成本大幅下降"本身所需要的成本。这样的视角转变,恰恰就是从技术人员转变成为创业者或总经理所需要的转变。

最后,作为一个企业家,首先要学会用钱,假如我是投资人,你要1000万元还是1亿元并不重要,重要的是把钱给你,你用来干什么,用在什么点上,资金周转率怎么算。一个企业从创建开始就要想办法挣钱,同时要学会怎么花钱,你的公司怎么运营?你的厂房怎么建?如何拿地?这些问题都是需要解决的,而对这些问题的思考和解决,更是每个创业者都要具备的能力。

我理解的双创教育，并非是单向培养创业者、孵化创业项目的教育，而是在孵化项目的同时也致力于探索创业路径，激发创新精神，培养双创人才的教育！

——赵媚（安徽乾景文化旅游创意有限责任公司，中国科大创新创业导师）

# 能源互联网：
# 计及韧性提升需求的多能耦合配电系统一体化规划方法

近年来，能源危机、气候危机、环境污染等问题日益凸显，一场由新能源技术发展推动的能源革命正在深刻而久远地影响全球能源治理格局。在此背景下，我国提出构建以新能源为主体的新型电力系统，带来电力能源领域的颠覆性体制改革与技术革命。但我国新能源发展仍面临着诸多挑战，如再生能源波动性明显、能源输配网络日益复杂、消费侧随机性不断加剧、储能配置方式纷繁复杂等。为解决以上问题，业界开始探索"互联网+能源"（即能源互联网）模式，旨在打造能源与信息高度融合的新型能源体系。

本项目以提升极端气候场景下配电系统整体韧性水平为目标，依托智能技术、互联网技术等，对电-热多形态能源在多供应环节之间进行生产协调、管廊协同、需求协同，实现系统总体规划与运行协调优化，同时结合电-热多形态能源在故障场景下的耦合性及协同运行最优路径,引入分布式电源、移动式储能等系统元素,将基于机器学习的预测理论、两阶段优化理论、多能互补协同理论等进行有机组合,建立多能耦合配电低筒一体化协同模型。

李金宇

能源科学与技术学院硕士生

张天任　　　　　　　廖　晖　　　　　　　杨维佳

徐　杰　　　　　　　宋晨曦

 创客故事

## 电荒？让中国人不再为电而慌

究竟是"命题作文"好写，还是"材料作文""话题作文"更容易下笔，历来都是考生之争。其实，这个问题根本就没有一个标准答案，毕竟每人的兴趣、专业以及所擅长的领域都不尽相同。

可有这样一个团队，他们的成员大多来自中国科学技术大学，通过携手合作，不仅交出了一份满分的"命题作文"答卷，还把这一"命题作文"进行延展，直接开上了创新创业项目的赛道。

牛吗？答案是肯定的。

### 命题赛道上的"命题作文"

这个"命题作文"的名字非常专业："计及韧性提升需求的多能耦合配电系统一体化规划方法"。非电力行业的专业人士估计看过后会有些摸不着头脑。这是国网江苏省电力有限公司经济技术研究院提出的命题，目的是突破计及韧性提升需求的多能耦合配电系统一体化规划全过程瓶颈。

"命题作文"源自命题赛道。产业命题赛道是2021年中国国际"互联网+"大赛新增设的赛道，聚焦国家"十四五"规划战略新兴产业方向，倡导新技术、新产品、新业态、新模式，主要面向新工科、新农科、新文科、新医科对应行业产业领域，通过企业命题来实现创新创业真题训练，增强学生创新创业意识，锻炼学生创新创业能力。

虽然是国网江苏省电力有限公司提出的命题，但答题者立足大学、面向全国，参加答卷同台竞技的队伍自然不在少数。中国科学技术大学

和中国科学院大学企业团队联合参赛,针对"命题作文",他们提出了"一站式智能大数据综合能源解决方案"。

"这是我们的解决方案,用通俗的话来说,就是充分利用人工智能算法提升电网韧性,使电网运行更加稳定。"来自中国科大能源科学与技术学院的项目负责人李金宇如此说。

近年来,能源危机、气候危机、环境污染等问题日益凸显,一场由新能源技术发展推动的能源革命正在深刻而久远地影响全球能源治理格局。在这样的背景下,我国提出构建以新能源为主体的新型电力系统,由此带来电力能源领域的颠覆性改革与技术革命。在现实中,我国新能源发展面临诸多挑战,如再生能源波动性明显、能源输配网络日益复杂、储能配置方式纷繁等。业界开始探索"互联网+能源",也就是能源互联网模式,旨在打造能源与信息高度融合的新型能源体系。

有挑战就有思考,有思考就有出路。李金宇团队在老师黄玉萍研究员的指导下,针对"命题作文",提出了"一站式智能大数据综合能源解决方案",目标只有一个:充分依托智能技术、互联网技术,努力实现能源互联互通,打造以新能源为主体的新型电力系统。

## 命题赛道后的"双创"赛道

虽然"命题作文"得了高分,但答题的过程并不轻松。调研、思考、碰撞……李金宇和团队成员时刻关注着这一领域的发展和变化,有针对性地进行方案的制订、调整与完善。

2008年中国多地的大雪,2021年的美国德州大停电,无不给电网带来了灾难式的冲击与影响。作为能源科学的研究者,李金宇和同学们一直在思考,遇到这样的极端天气该如何面对、如何处置?如何才能摆脱这一困境?2021年9月,我国东北、华北地区先后限电,不仅影响工业生产,而且影响居民的日常生活。限电原因是多方面的,经过专业的分析与判断,李金宇团队发现,其中一个重要的无可回避的原因是:现在的电网变得越来越复杂,变得十分脆弱,很容易受到极端天气的干扰,而且随着光伏等新能源供电、新能源汽车产业的快速发展,电网的能源结构正在发生变化,不仅是江苏省电力有限公司一家,全国大的电网企业都迫切需要建设一套韧性更高的配电系统。

韧性电网到底是什么?韧性电网是能源互联网的重要组成部分,它可以全面快速准确地协同电网内外部资源,对各类扰动做出主动预判和积极应对。"我们的优势是具有自主核心技术,客户多元化,可以提供更高精度的产品。我们在韧性电网基础上打造多能互补的综合能源电力系统提升解决方案，分四个步骤形成技术闭环。"团队成员之一、同样来自中国科学技术大学的许杰这样解释。

徐杰所说的形成技术闭环的四个步骤分别是：第一步是对故障进行预报和诊断，电网故障原因有极端天气以及能源故障造成的电网故障，先诊断找到原因。第二步是多重不确定性耦合。简单来说，风电、光伏、新能源汽车等产业因素都会加速电网的不确定性，采用AI技术使预测智能化、精准化，提升预测精度。第三步是多能协同优化调度，这是李金宇团队技术的关键核心。最后一步，对整个技术进行整合之后，建立一套智能可视化的多能互补综合能源系统。

技术要落地，就要有"试验田"，否则就是"空中楼阁"。李金宇团队选择安徽宿州开发区作为试验区，建立韧性电力系统后，使园区清洁能源利用率提升74%，污染物减排率达到40%以上。

不仅如此，李金宇团队发现，优化后的方案不仅能用于电力领域，还能在新能源汽车上有广阔的应用空间，车网互动技术能够通过电动汽车的电量进行买卖电，为企业和电动汽车用户提供一种新型的赢利模式。

初战告捷。团队信心倍增的同时，更惊喜地发现这一技术具有广泛的市场前景。原来，科研成果可以转化成为成熟的市场产品，产业命题赛道可以与"双创"赛道这样衔接。

于是，创业的梦想萌发了。

## "双创"赛道上的最大担心

毫无疑问，科研和创业是两条截然不同的道路：做科研更在乎的是提升精度、准度的方法，创业需要兼顾产品的质量和价格，能为客户带来切实的好处；一个长期和实验室打交道，一个则始终要与市场"交锋"。两者虽然有联系，但更多的是区别。

李金宇团队目前与中国科大能源科学与技术学院（广州能源研究

所)合作,还没有正式成立公司。"我们的产品会不会被市场接纳,产品还能不能进一步优化,是我们一直在思考的问题。因为原有的电力系统已经十分成熟了,相关的上下游企业也已经十分成熟,我们的前沿技术能否得到电网的认可?"这是李金宇创业团队最大的担心。

理论是灰色的,创新之路常青。其实,李金宇最大的担心也是众多科研工作者创业之初的担心。从产业赛道的命题框架中延展出来的产品,是否经得起市场的检验与考验,本身就需要一个较为漫长的过程。很多创业项目都有优秀的创意,但缺乏项目落地的能力,因此仅仅在创意阶段项目就搁浅了。

如何把原本的科研成果落地?如何把想法转变为现实?李金宇的思考是:"最重要的是要让前沿的科研成果融入实际应用中,在实际应用中不断优化产品,最终形成成熟的产品。"

李金宇说,她的信心来源于她的团队。虽然说大的市场饱和或者有些研究已经很成熟,但是李金宇所在的团队在这个领域研究了很多年,获得了很多专利,在某个角度或者某一个研究领域,他们已经走在了世界前列。"我们就带着我们的优势走入市场,去把我们的优势扩大。把科研拉近生活、融入生活、造福生活。这就是我创业的初衷。"

虽然创业项目只是源于一次"命题",但经过一段时间的积累、优化、思考,李金宇和她的团队已经"破题",开始逐步走进创业的"正题"。

项目价值

电力工业作为国民经济的重要支柱之一,电力系统的安全、稳定、经济运行是电力部门不断追求的目标。随着现代电力系统规模越来越大、复杂性越来越高、运行也越来越接近极限,系统发生事故频率持续攀升,如何尽快识别故障,为故障解列以及恢复供电提供依据,以减小停电损失,成为预防电力系统事故的重要课题。

该项目提出一种应对故障的多能源耦合协同调度的技术实施方案,采用双层优化理论建立电-热-储耦合综合能源系统。以能源系统故障恢复量与经济性、系统韧性运行为切入点,解决极端天气或蓄意破坏所导致的电力系统无法保障供电状况,同时保证正常运行情况下的能源配比。

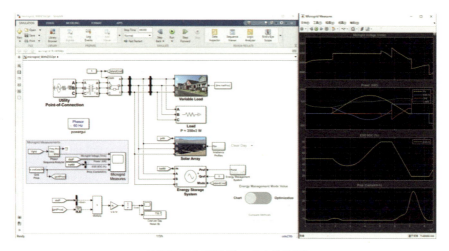

多能源耦合系统Simulink仿真图

为实现可视化韧性多能耦合系统控制,本项目利用MATLAB及Python进行仿真建模,并建立可视化软件,包括可视化监控、智能化分析、运维管理和系统管理四个子系统。

(1) 可视化监控:监控各个能源及配电网间的出力、用电负荷波动,故障预警。

(2) 智能化分析:通过分析电网波动及运行情况判断其是否存在故障,并对各能源进行调度。

(3) 运维管理:在发生重大灾害时,对电网的节点和输电线及设备进行人工控制。

(4) 系统管理:管理多能源的配比。

在此基础上,构建多能耦合系统和可视化可调控的多能耦合控制系统,保证在故障条件下的多能耦合供电,从而建立韧性多能耦合电网。

该项目的主要创新点如下:

(1) 对系统中风、光发电及V2G容量的不确定性进行分析。利用

CNN-BiLSTM混合深度学习算法、云模型、非参数核密度估计对风、光发电及V2G容量进行预测和不确定性分析,解决配电网能源的不确定性问题,直观地看出多能源在同一时空尺度下的相互规律,并且能够对多能源互补提供可靠的数据分析。

(2)构建多能源统一规划协调运行的电-热-储耦合综合能源系统。采用多点并网的方式,将不同区域内的分布式能源通过配电网进行融合配置,以韧性电网的恢复力、应变力为目标,构建双层故障优化模型,上层以经济效益最大为决策量,下层以各设备在故障情况下的出力配比为目标,基于加权灰靶理论构建故障模型。利用GA-PSO算法与多级恢复模型对上下层模型进行优化求解,再利用灰靶贡献度对上层指标进行客观赋值,通过靶心度综合评估恢复方案,从而得到每时段最优方案。为实现多能源配电网多能互补、减少经济损失、提高经济效益、保证供电质量提供了理论依据。

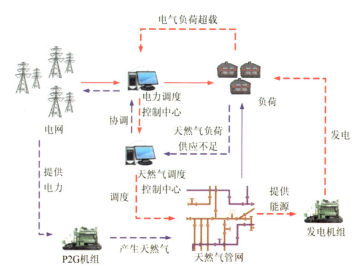

电力-天然气互联转供过程

(3)提出基于管网储热等多种能源解耦装置交互的园区规划模型。为打造能在极端天气下发生故障时率先恢复重要电力负荷的韧性电网。首先,从园区内负荷的重要程度、分布情况、负荷类型等特点出发,对园区负荷进行分区划块；其次，对不同区域内的负荷，打破传统的热电联产机组的以热定电、以电定热的刚性运行约束，构建含有管网储热等灵活储能装置的电-热-气容量配置的规划模型，将管网储热作为热电解耦的元件，在保证基础热负荷的正常运行下，充分利用管网热惯性的特点，在发生故障的变工况状态下，利用管网内的"余热"作为部分缓冲能源，可在不增加燃气锅炉、余热锅炉设备出力的情况下减少负荷的波动，提高系统的稳定性，以配比的设备投资成本最小为目标，采用特征线法和基于CPLEX求解器进行优化求解。

（4）提出一种应对电网故障的V2G调度实施方案。在电网故障发生前，考虑到电动车主在不同价格下对V2G的参与度，构建混合价格激励型需求响应的电动汽车经济调度模型。以电网故障的快速恢复和减少因电网故障产生的损失为切入点，充分利用电动汽车的储能容量资源，减少因电网故障造成的损失，实现电网的快速恢复。

（5）建立新的提供能源系统全流程规划调度及智能化运维方案的商业模式。通过整合售电服务、市场化交易、直供电、增量配网、智能微网、综合能源服务等方式，促进电力就近消纳。结合平台的数据采集、存储、服务功能，提供电、气、热、冷等能源全方位、全天候、专家型、互动式的客户体验，可提供有针对性的能源供应、配置、消费模型分析诊断，以及创新性方案咨询等服务，使客户真正省心用能、省钱用能和绿色用能。加强同电网、燃气企业的合作力度，打造上下游一体化的能源生态圈。

 **访谈心声**

**主持人**：这个项目是有命题企业的，是要为甲方电力系统解决什么问题呢？这种订单式创业，最后必须有产品应用，还是只需出科研方案？

**李金宇**：主要为甲方解决的是电力系统因为极端天气所带来的电网崩溃问题，为其制订更具韧性的电网实施方案。这种创业模式，是今年的一个挑战，因为今年第一年参赛，还没有具体的标准，对于这种产业命题，我们认为解决方案是最主要的；其次，如果对于具体内容实施的话，还是有相应的产品与其匹配，使整个成果更加完善合理。对于此命题，我们给出的是一个产业的解决方案，并为其做出了一个多能源决策系统来解决具体的产业问题。既有精细化可实施的技术，又有大范围的规划和产业解决方案。

**主持人**：你们的这套方案，在其他城市、行业、领域，能否通用？

**李金宇**：在某些方面，这套方案是通用的。首先，从城市来说，每个城市的用电方式、电力结构基本上是一样的，所以我们提出的方案是对整个电力系统结构的一种解释,基本覆盖全区域。在行业领域,我们采用的基于人工智能及优化决策技术在各个领域都能很好地运用,如交通预测、路径优化、天气预测等。

**主持人**:新能源汽车发展日新月异,已经成为当下很热门的赛道,你们能为这个新兴行业提供哪些服务?目前有没有合作的新能源汽车客户呢?

**李金宇**:V2G车网互动技术作为我们方案的一个突出点,就是利用电动汽车急性反向充电,为电力系统的调峰调压提供一种解决方式,它不仅可以为电网提供电量,同时通过电动汽车的电量进行买卖电,为企业和电动汽车用户提供一种新型的赢利模式。目前已与特来电公司洽谈协商,未来一年内,我们将合作打造电动汽车充电新模式。

**主持人**:这次命题作文参赛的团队不少,你觉得你们的优势在哪里?

**李金宇**:我们的优势有三点:一是人才优势。我们团队成员硕士及以上学历占比100%,其中博士学历占比57%,为深入开展技术研发打下很好的基础。二是产学研深度融合。我们计划与广州能源研究所进行产学研合作,为后续的团队人才输入和技术的深入研究提供了持续保障。三是创新性和实用性。电力是民生的保障,而且碳中和、碳达峰一直是这些年的热点,因此解决该领域的问题,对社会意义重大。在技术上,我们使用了AI+电网技术,建立了新型电力系统,创新性、可靠性大大提高。而且电力市场规模庞大,具有很好的发展前景。

**主持人**:你们未来会选择创业吗?想用你的项目去解决行业里的什么难题呢?

**李金宇**:我们团队是由专业的科研人员组成,技术已经十分成熟,解决了这个行业内亟须解决的问题;另外电力的稳定供应是人们生活的基础,我们有责任也有义务为电网的建设做出我们的贡献,为国家"双碳"目标的达成添砖加瓦。所以我们想将我们的科研成果转化为成熟的市场产品。我们的项目主要是解决极端天气下的电网韧性提升问题。

**主持人**：在你看来，创业过程中遇到的最大瓶颈或挑战是什么？

**李金宇**：我认为，如何把原本的科研成果落地，如何把想法转变为现实，是最大的挑战。很多创业项目都有优秀的创意想法，但很创意者缺乏让项目落地的能力，因此很多项目在创意阶段就搁浅了，所以最重要的是要让前沿的科研成果融入实际应用中。

**主持人**：如果选择用这个项目去创业，你最大的担心会是什么？

**李金宇**：担心我们的产品会不会被市场接纳，产品还能不能进一步优化。因为原有的电力系统已经十分成熟了，相关的上下游企业也已经十分成熟，我们的前沿技术能否得到电网的认可。

**主持人**：你们提到了创业过程当中最大的担心，是原有的电力系统十分成熟了，相关的上下游企业也比较成熟，为什么你们还有勇气去做这样的项目？

**李金宇**：我们的信心就是来源于我们的团队。其实我们的团队在这方面研究多年，虽然说大的市场已经饱和或者有些研究已经很成熟，但我们也是在这个领域研究了很多年，也有很多专利，在某个角度或是某个研究领域，我们已经走在了世界前列，我们就拿着我们的优势走入市场，去把我们的优势扩大。

作为一名研究生，科研是我的本职工作，如何让我的研究成果为我们国家的发展、为我国尖端产品的更新迭代做出贡献，是我一直在思考的。不能让科研成果飘浮在空中，不能让它们成为科研期刊的专属，要让它们渗透进我们生活的方方面面，在日常生活中都能享受科研成果的便利，这才是我们青年科研人应有的责任。

 **专家点评**

定制化项目的创业者,首先要关注客户需求到底是什么,还需要将其转化成语言——转化成产品经理的语言。产品经理相当于翻译器,把你对客户的理解表达出来,既包含需求也包含理解,之后再表述如何实现落地,并与客户确认每个环节。因为定制化开发项目,最怕的就是中间环节没有得到客户的有效确认。如果你不把重点放到客户身上,你想得到客户的认可是很难的。

定制化项目实际就是命题作文,命题作文的关键是一定要先破题,弄清楚命题的核心要求,再针对这些要求提出解决方案,从产品维度或是技术维度予以解决,同时有什么技术可以支撑你解决方案。从商业角度来说,定制化项目更类似于咨询服务,首先弄清楚为什么出现这个问题,需要广泛收集数据,建立一个模型,然后给出解决方案。但是,建立模型很容易,模型的训练却是很大的问题,要想做出成熟的咨询方案和成熟的软件,需要大量的模型训练。因此,你的解决方案取决于模型的成熟度,而达到这个成熟度,正是定制化项目创业团队核心竞争力的关键。

创新创业不仅需要天赋和热情,更需要决心和勇气,是一个发现问题、提出问题、解决问题的系统性工程。高校推进创新创业教育和实践是十分有益的,既为有志投身创新创业的学生提供了锻炼平台,也让更多学生在这个过程中开阔视野、收获成长。

——江鑫(合肥市产业投资控股(集团)有限公司党委副书记,中国科大创新创业导师)

# 智能除雪：
# 全场景光伏 Domino 自动除雪控制器

**SunFree 灿福**

作为一种重要的可再生能源，太阳能凭借其储量巨大、分布广泛、持续长久、清洁环保的特点受到了越来越多的关注和青睐，是实现全球碳中和有力的解决方案之一。然而在中高纬度地区，光伏系统在冬季常遭遇被积雪覆盖从而无法正常发电的情况，积雪不仅降低了光伏系统的发电量，同时也阻碍了光伏系统在此类地区的进一步普及。此外，因过量积雪造成的装有屋顶光伏系统建筑垮塌事故也常见于新闻，威胁屋主的生命和财产安全。

本项目通过研究并结合太阳能电池的基本结构，采用一种基于 PN 结正向导通自发热的除雪方法，设计和制造了屋顶光伏 Domino 自动除雪控制器，并将 Domino 式除雪流程延伸到大规模光伏电站的应用场景，设计了基于市电的除雪方案和系统样机。项目团队通过阶段性的实验，验证了反向通电的除雪方法不会对光伏组件的性能和寿命造成不利影响，并在东北地区通过实地除雪实验测试了两套样机的除雪效果。实验表明，项目组研发的两套除雪方案样机均能有效解决光伏组件的积雪覆盖问题,具有良好的社会经济价值和推广应用意义。

郑佳楠

物理学院博士生

张放心

陈佳林

陈方才

张智森

豆怡凡

## Domino——屋顶光伏自动除雪的"中国方案"

2021年11月7日至8日,内蒙古东南部、辽宁中部、吉林西部等地部分地区出现大暴雪、特大暴雪。

内蒙古通辽地区从11月7日10时起,强降雪持续超过46小时,累计降雪量达到81.3毫米,积雪深度打破了1951年以来的纪录。11月9日上午,沈阳气象台宣布,7日到9日沈阳的暴雪,已是1905年沈阳观象台设立以来的最强暴雪。

这场暴风雪,已是中国东北南部,尤其是辽宁省、内蒙古自治区有气象纪录以来的最强暴风雪,堪称百年不遇。

暴风雪牵动着众人心。这些天,中国科学技术大学物理学院研究生郑佳楠尤为关注这场百年不遇的暴风雪。一方面,他的老家就在吉林;同时,他一直在研发的屋顶光伏自动除雪控制箱的应用场景就是中高纬度地区及大规模降雪地区。

身处华东,心系东北。对于郑佳楠而言,这种关注无疑是双重的。

### 解决行业痛点,研发出Domino式除雪方案

屋顶光伏本身自带重量,一旦遇到暴雪,如果积雪不及时清除,势必会对房屋造成较大的承压。近年来,由于积雪过多过重造成房屋坍塌、建筑损毁的情况不在少数。不仅在中国,美国、加拿大、墨西哥等地都曾面临着这样的问题。

当前,屋顶光伏除雪仍然主要依赖人工,这种方式既费时又费力,同时还存在损坏电池片的风险,也有改造成本过高等诸多弊端。尤其在中

高纬度地区,光伏系统会受到积雪的影响,限制光伏系统在该地区的应用普及。以全球主要国家和地区为例,目前受积雪影响的光伏装机量已经达到8.85 GW,日损失超2亿元。

毫无疑问,屋顶光伏除雪是个世界性的问题,也是一个难题。

"为了解决这一行业痛点问题,我们提出了一种Domino式的除雪方案。"郑佳楠说的这个方案,项目全称叫"屋顶光伏Domino自动除雪控制箱",目的是解决中高纬度地区光伏系统的冬季积雪问题,保证光伏系统的全年高效发电,从而促进光伏发电的进一步普及。Domino中文翻译过来是"多米诺",意思就是这套屋顶光伏自动除雪控制器工作时,能够像多米诺骨牌那样把屋顶光伏组件的积雪层层推掉。Domino自动除雪技术具有除雪方式无损、系统结构简单、改造成本低廉、除雪过程无需外界供能、效率高、智能化自动化的特点。

郑佳楠介绍:"我们以光伏组件自发热技术为核心,将光伏组件自身作为一种产生能源和除雪的工具,逐级完成积雪清除。光伏组段将成为待除雪组段的电源,类似于Domino骨牌的流程,随着完成除雪的光伏组件数量增多,电源总功率增大,它的除雪速率将是逐级加快的。"

2021年11月11日,郑佳楠透露,他们团队已经成功研发出了除雪控制器的二代机。而在此之前,项目团队完成了除雪控制器第一代样机的设计与制造,在实验室环境内与通威太阳能公司完成了对反向通电除雪方法安全性和有效性的验证,并在吉林地区进行了实地除雪测试,与吉林省三个地区谈好示范合作,计划在2021年年底安装除雪设备,完成第一批示范基地的建设。

当被问及验证及测试效果如何时,郑佳楠借用了航天员常用的一句话,笑着说:"我已出舱,效果良好!"

## 迎战低温天气，积累了有价值的数据和经验

"效果良好"的背后是郑佳楠和团队成员们的艰辛付出。和一般的项目不一样，他们除了在实验室开展研发工作外，还必须走到户外，与恶劣天气"作斗争"，在暴风雪中、在低温天气下不断实验，检测产品的可靠性。在零下几十摄氏度的东北冬季的室外，待上一整天是怎样的感受，要吃多少的苦头，或许只有郑佳楠他们更有体会。

户外测试不确定因素多，实验中会遇到很多意想不到的问题。而挑战大多来自东北冬季的低温环境。为了将光伏支架牢固地固定在测试场地，郑佳楠原计划去当地的水泥厂定做水泥基块，但因气温限制，东北地区冬季水泥厂全部歇业，只能临时去找大理石基材来代替。带过去的部分实验设备无法长时间处于低温环境，比如温度传感器，户外使用时间过长会报警同时无法读出准确示数。最大的挑战还是来自不稳定的天气，为了进行足够多的测试，除了真实降雪场景的测试外，他们还采用人工模拟降雪的方法，为项目的研发积累了大量有价值的数据和经验。

尽管遇到的问题和挑战不少，但郑佳楠和队员们并没有退缩。恰恰相反，他们迎难而上，挑战暴风雪。从始至终支撑着他们的是一种责任和使命：把自己做的项目变成一款产品，让产品走入千家万户，推动行业发展的同时，为中国的"双碳"事业做出一份贡献。

## 产品优势明显，未来有信心走向全球市场

目前，全球拥有光伏除雪设备的公司已知的有两家：一家在德国，另一家在挪威。作为中国首个从事相关设备研发的团队，郑佳楠认为他们的产品在使用场景、数据平台以及互联网方面都具有非常明显的优势。

"最重要的一点是，我们利用组件自发热技术，除雪能耗非常低，在除雪过程中几乎不耗电。同时，我们的产品也具有非常好的价格优势。"

郑佳楠算了一笔账："我们以位于加拿大9000瓦的屋顶光伏系统为例,它的安装成本折合人民币大约20万元,我们向德国公司询价,他们给出除雪功能改造的报价大概是12.4万元,工程改造费用占比系统总费用约62%。而我们的产品拥有更强的除雪性能和更低的除雪能耗,一代产品成本仅需1500元,不到系统成本的5%。"

价格优势其实源于技术优势,说白了就是郑佳楠团队技术的核心竞争力。在系统结构上,挪威和德国的公司依赖于传感器,在光伏组件上安装光学传感器或压力传感器,这无疑增加了硬件成本和改装难度。而Domino式的除雪方案无需传感器,通过对光伏系统的电流电压进行监控,采用自主研发适配环境的算法对积雪状态和积雪程度进行识别,并通过控制器把光伏组件变成传感器,直接运用光伏除雪,使用过程中不消耗电网中的电力。与同类产品相比,Domino自动除雪系统结构简单,硬件成本、安装成本都要低很多。

不仅如此,在移动互联、人工智能蓬勃发展的今天,郑佳楠团队充分考虑使用功能的便捷性,为了使之更贴近用户、更人性化,他们给系统增加了物联网功能、数据云平台功能,普通用户可以随时通过手机App看到自家屋顶的状态。

除雪方式无损,改造成本低廉,耗电量非常低,再加上除雪效率非常高,平均30分钟以内就可以完成一次组串的除雪,这些优势是郑佳楠团队研发的成果,更是对未来产品走向市场的信心所在。

郑佳楠说,他们已经和多家太阳能企业合作,并且签订了两笔意向订单,2022年初,项目以产品化的形态落地后,便可将意向订单进一步发展为产品订单。

## 挑战机遇并存,为应对气候变化贡献中国经验

2021年10月31日,《联合国气候变化框架公约》第二十六次缔约方大会(COP26)在英国格拉斯哥正式开幕。由于全球气候变暖导致极端

天气频发,本届大会备受关注,甚至被各方称为"将世界从气候变化临界点拉回来的最后、最好的机会"。

在COP26当天,根据世界气象组织发布的关于"2021年全球气候状况"的临时报告显示,自工业革命以来全球平均气温已上升1.09摄氏度,二氧化碳浓度已创新高。国际社会亟须通过产业升级、优化能源结构及运输系统将排放量减至净零。《自然》杂志发表的一项最新研究则表明:"如果我们想在2050年时将地球升温幅度控制在1.5摄氏度以内,那么届时90%左右的化石能源都必须留在地下。"

发展清洁能源已成为全人类应对气候变化问题的治本之道。

中国是全球最大的光伏市场,光伏产业正迎来发展的新一轮高潮。根据联合国马德里气候变化大会的《中国2050年光伏发展展望》,从2020年至2025年这一阶段开始,中国光伏将启动加速部署;2025年至2035年,中国光伏将进入规模化加速部署时期;到2050年,光伏将成为中国第一大电源,占当年全国用电量的40%左右。

对郑佳楠和他的团队来说,全球气候变化带来的不仅是挑战,也是机遇。世界各国对气候变化的重视,尤其是中国政府"碳达峰、碳中和'1+N'政策体系"的构建,都大大增加了郑佳楠的信心。"虽然我们起步比德国、挪威的公司晚,但是我们有政策优势、技术优势、人才优势,我相信未来我们的产品一定会有一席之地,甚至走出中国,走向世界,为世界光伏行业发展、应对气候变化贡献中国方案与经验。"说这话时,郑佳楠眼中充满了光亮。

 项目价值

近年来,光伏产业在全球发展迅速。作为光伏大国,我国已经提出了"双碳"目标,并制定了时间表与路线图。

但是,在较高纬度地区,如中国北方地区、加拿大、美国北部、日本、韩国、德国、法国等地区的屋顶光伏系统在一年中有相当长的一段时间因日平均气温低于0摄氏度,一旦下雪,光伏系统就会处于被积雪或自

然融雪后二次凝结成的冰层覆盖的状态,致使数月甚至长达半年的时间光伏系统都无法正常发电,影响用户的使用体验,也因此限制了光伏系统在上述地区的进一步普及。类似地,位于较高纬度地区的野外集中式光伏电站(如已经在内蒙古自治区、青海省以及哈萨克斯坦等地区建成的大型地面光伏电站)也面临此类问题,积雪问题也增加了光伏电站运维部门的工作难度和工作成本。因冰雪覆盖导致的发电量减少是一个限制高纬度地区光伏能源普及的关键因素。如果能够有效解决冬季光伏系统的积雪难题,就有希望进一步提升光伏系统的普及率。

目前常见的除雪方式主要通过人工扫雪、撒工业盐或喷洒融雪剂,而人工除雪方式不仅费时费力、成本高,且屋顶高空作业存在安全隐患,也容易造成光伏组件的损坏。

通过对光伏市场的详尽调研,项目团队抓住行业的痛点问题,在太阳能电池片 PN 结正向导通发热的基本原理基础上,创新地提出了 Domino 式除雪流程,研发了两款适用于不同光伏使用场景的工程化除雪设备——屋顶光伏 Domino 自动除雪控制器、市电除雪系统。

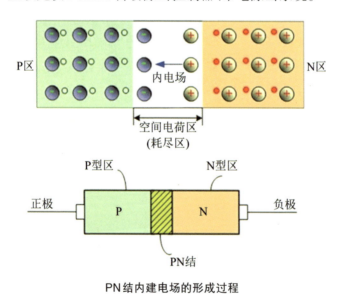

PN结内建电场的形成过程

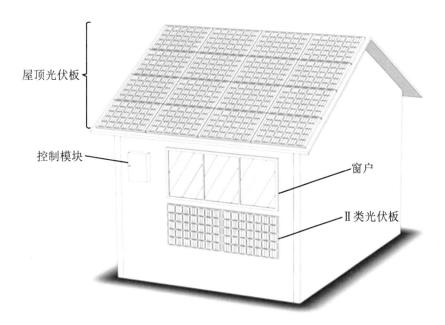

**Domino自动除雪方案示意图(以屋顶光伏系统为例)**

屋顶光伏 Domino 自动除雪控制器,适用于分布式和集中式光伏系统,如户用型屋顶光伏系统、光伏车棚、光伏车站等,相似的除雪策略也同样适用于大型地面电站。其特点有:

(1) 巧妙运用光伏板特性,没有引入其他传感器(如压力传感器、光照传感器等),成本更低,稳定性更好。

(2) 无需外部能源供应,可实现离网工作,真正意义上的零能耗。

(3) 不依赖特殊结构的光伏组件,无需在光伏系统中加装复杂的机械结构,仅更改光伏系统的接线方式和增设控制器就能实现功能,具有普适性和可移植性,改造成本极低。

(4) 运用多米诺骨牌效应完成除雪流程,除雪速率逐级加快。

(5) 在物联网、人工智能技术的加持下可实现智能化、自动化除雪。

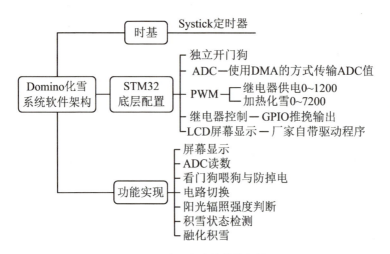

Domino除雪方案的软件架构

基于市电的除雪系统，适用于存在积雪超过建筑承重风险的光伏屋顶，也适用于大型地面电站。其特点有：

(1) 使用市电为能源除雪，除雪速率更快，同时能实现边下雪边除雪，防止光伏板积雪。

(2) 能够同时给一个组串的光伏板除雪，当前样机已实现 20 块光伏板同步除雪（组件总功率 5500 瓦）。

(3) 可与 Domino 式除雪流程结合，利用市电完成前序光伏组串的除雪，后续组串的除雪在前序组串的反向通电下完成，不再消耗电网电力。

(4) 基于视觉传感器，以机器学习的方式训练分类器，判断积雪状态和降雪情况，判别更精准，较传统传感器获得的信息更多更广。

(5) 结合物联网思维，系统工作情况实时上传数据云平台，同时提供云平台 API 接口，方便将除雪情况数据搭载到其他电站运维平台上统筹信息。

(6) 结合未来气象数据和具体使用场景（地面电站或有承重风险的屋顶光伏系统），系统决策最佳除雪时间和除雪功率。

项目团队已制造了多套原理样机，并在实验室内部、吉林地区进行了样机的测试实验。

实验初始状态

实验进程中,1号组串、2号组串上的积雪正在滑落

实验结论表明,屋顶光伏Domino自动除雪控制器能够完全实现离网工作,光伏组件温升速度快,除雪效率高;市电除雪系统能实现多个光伏板同时除雪,除雪电流0~10安可调。针对反向通电除雪方案长期使用在光伏组件上的安全性、对光伏组件的发电性能的影响、对组件的使用寿命的影响,已进行了第一阶段500小时的反向通电测试。第二阶段1000小时的反向通电测试实验正在与合肥晶澳太阳能科技有限公司合作进行中。现阶段的实验证明长时间的反向通电对于光伏板的性能无衰减,实验组件经过500小时的反向通电后最大输出功率反而提高约0.3%。目前,项目所涉及的核心技术已申请4项专利,其中2项专利已获得授权。

 访谈心声

**主持人**：想用你的项目去解决行业里的什么难题？为什么你会选择创业？

**郑佳楠**：我们项目解决的是中高纬度地区光伏系统的冬季积雪问题，使光伏系统能够在冬季保持有效率的发电，从而促进此类地区光伏的进一步普及。创业实际上是项目的副产物，其实一开始并没有创业的想法，但当我们团队已经发展出了一套完整的光伏系统除雪解决方案后，把这项技术推广出去就成了我们的责任和使命，我们也希望能够对中国的"双碳"事业做出一份贡献。

**主持人**：创业对你意味着什么？又会给你带来哪些改变？

**郑佳楠**：创业对我而言是一种实现人生价值的方式，我希望看到自己做的项目能成为一款产品走入千家万户，甚至能推动行业的发展，我从中收获纯粹的成就感。创业这个过程教会了我很多东西，或者说看待事物的新的角度，一款产品的成功背后蕴藏着什么，他的商业模式是什

么,推广方式是什么,等等。未来也有可能转化为生产生活中的产品,进而促成一个个创业项目。

**主持人**:全国各地都在建设光伏项目,你们的客户主要集中在什么地区?目前拿到订单了吗?

**郑佳楠**:客户主要是中高纬度地区的光伏系统用户,按光伏系统的规模来划分,可以分为户用型屋顶光伏系统(多为25千瓦以下)、分布式工商业光伏屋顶(百千瓦及以上)、集中式光伏地面电站(兆瓦及以上)。户用型光伏系统客户属于C端市场,另两种更大规模的光伏系统客户属于B端市场,多为公司、部队、政府等。

以国内市场举例,东北三省、内蒙古自治区、新疆维吾尔自治区部分地区、西南地区部分边境地区均存在我们的客户。同样,国外有着相同纬度范围和气候规律的地区也是我们的主要客户集中地,如日本、哈萨克斯坦、挪威、瑞典、德国、法国、英国、美国北部、加拿大等。

**主持人**:这个产品对雪量的最大承载是多少?低温能到多少摄氏度?漠河地区能用吗?目前来说,产品还有哪些弊端需要克服?

**郑佳楠**:这个产品对雪量没有要求和限制,当然过多的积雪对于屋顶的承重是没有好处的,可能会诱发积雪压垮建筑的事故。我们研发的设备通过巧妙的电路转换,将光伏组件自身作为清除积雪的工具,这是本产品能实现除雪功能超低改造成本的基础。如果硬要讨论本产品对雪量的最大承载是多少这一概念,那其实取决于安装光伏系统的屋顶对于积雪的最大安全承载量是多少,或者说单块光伏组件对于承受积雪带来的最大压力是多少。

我们设计的产品使用温度范围是零下40至50摄氏度,我查询了漠河地区历史最低气温是零下48.4摄氏度,如果长期处在这种非常极端的低温环境,产品无法正常工作,但漠河的冬季平均气温是零下23摄氏度,因而常态下,漠河地区的屋顶光伏系统用户也是能轻松享受到我们产品带来的便利的。目前,我们正在进一步打磨产品,精简设计,在生产环节尽可能降低成本。

**主持人**：还有个问题我比较感兴趣。第一，你说现在全球就三家，一家挪威、一家德国，你这个项目是国内首家，因为未来所有的项目都会是全球化的竞争，除了你的价格比他们的优惠以外，你这个项目跟他们相比还有什么优势？或者他们跟你相比有什么优势？

**郑佳楠**：在我看来，除了价格优势以外，另一方面是在系统结构上。挪威和德国依赖于传感器，我们这个系统是无需传感器的，除了系统自带的光伏系统之外，我们的技术把光伏系统复用了，部分承担了自己发电的工作，被雪覆盖以后，通过我们的控制器把它变成了一个传感器，依靠这个组件自身做传感；得益于这个原理，它的系统结构更简单，也能在一些其他功能上更贴近用户，提供更人性化的服务，比如物联网功能，还有数据云平台的功能，方便于大规模的联展，还可以通过手机APP实时监控，不在家都可以看到自己家屋顶的状态。而像B端市场，他们的运营和维护外包给公司做，我们有自己的运维数字平台，我们可以把这个借用给B端客户，他们就可以了解到整个情况。这几项都是我们的优势。

**主持人**：比如说挪威这家公司跟你相比，他们的优势是什么？有你这边不具备的吗？

**郑佳楠**：相比于我们，这两家公司的最大优势是，他们入市比较早，是先行者，他们做了一部分试点，并且有一部分用户。而我们目前最快于2021年年底谈了在三个地方试行，所以说我们起步比他们晚了一些。

**主持人**：现在高纬度地区光伏使用情况是什么样的？如果没有你的产品，大雪覆盖就无法发电了吗？

**郑佳楠**：不是的，如果你是住在吉林或者内蒙古的用户，想在自家屋顶安装光伏系统，但用户不具备除雪的能力，也许就不了了之了，因为你的系统装上去，四个月甚至五个月的冬期，可能一点电都发不了。对用户来说实用性较差，我干脆不装，这是一个问题。另一个问题，用户安装系统之后可能自己没法处理,就会出现四到五个月的时间不能发电的情况。其实在内蒙古和吉林白城都建有很大的地面电站,电站主要的核心是盈利,为了减少发电量的损失,电站有运维团队在运维,要么请工人,要么用其他的方式或者技术。

**主持人**:现在有光伏企业在跟你谈合作吗?你会把项目嫁接到其他的厂商去合作吗?

**郑佳楠**:我们目前的计划是优先推广C端市场,因为C端市场在国内外客户量比较大,对我们来说基准难度也比大型工厂低一点,所以我们打算以C端市场来切入,积累一定的资本之后再去做B端市场。在我们切入C端市场的过程中,首先考虑到的是与国内各个地区合作,尤其是乡镇地区有做光伏工程的,我们优先跟承包商合作,承包商的上游可能就是厂家了,他们都有各个网点在做工程。

"科技是国家强盛之基,创新是民族进步之魂。"作为恪守"红专并进,理实交融"校训精神的中国科大学子,青春报国的梦想一直根植于我的心中,我会着力于发展核心技术,服务社会民生。我将用己所学、尽己所能,为国家建设、民族复兴尽一份力。

## 专家点评

　　这个项目的初心是非常好的,关注中高纬度光伏电站积雪影响的检修问题,但还要介绍受积雪影响的地方建设那么多光伏电站的原因。因为这样的特殊性很可能是普通人并不了解的特殊市场需求,讲清楚了这个特殊性,你创业的必要性也就突显出来了。

　　这个项目正处在绿色节能的风口上,我国政策要求到2060年非化石能源的发电量要占到发电总量的80%,所以这个项目的发展空间还是很大的。但这样的项目,同类公司的业务模式是趋同的,保持持续竞争力的关键就是要尽快建立技术壁垒和时间壁垒。

　　这个项目已经具备了一定的技术优势,可以算是一个技术驱动的项目。一般而言,技术驱动业务的情况下,技术会跑得比其他的都快,这个过程中积累的数据也随之增多,在数据上的分析和学习,便成了一个公司的内化知识。这些知识在任何一个人离开的时候是无法带走的,构成了公司技术的核心竞争力之一。尤其是今天这些知识是通过AI或者其他东西构建的,任何一个人或团队是无法带走完整的知识的,这些不断产生的知识就构成了组织的时间壁垒。

　　举例来说,如果说今天要搭建一个比百度更好的搜索引擎,难度在哪里?并不是搭建一个开发团队,而是进入中国市场时所要面临的问题在于打破用户习惯,积累足够多的数据,这个数据可能需要10年,甚至更久的时间。与此同时,百度又会有更多的数据积累。

　　当业务模式雷同时,技术将成为下一个壁垒,对于大多数公司而言,技术驱动业务取代业务驱动技术是首要转变的思维。在搭建成功技术壁垒后,时间壁垒会成为你下一个坚不可摧的竞争力。

今天，政府的呵护、社会的尊重、资本的青睐，创新创业无疑处在最好的时代。但是，创新创业绝非一路坦途，要做好技术储备、知识储备、人才储备，更要有挑战风雨的勇气和信心。

——张建群（华安证券股份有限公司副总裁，中国科大创新创业导师）

# 撼地者：应急救援领域的全能勇士

撼地者团队由多位中国科学技术大学工程科学学院硕、博士生及机器人行业资深从业者组成。面向地震、爆炸、火灾等多种复杂恶劣的灾后环境，团队自主研发了具备越障、感知、探测、作业等多种功能的智能应急救援机器人——撼地者，以提高救援效率，减小救援人员伤亡，保障人民生命安全。

"撼地者"主要包含四大核心系统，分别是跨地形运动作业系统、多自由度精准作业系统、全向感知与自主导航系统以及实时影像回传与遥操作系统。各个系统互相配合，使机器人可以完成通过废墟壕沟、上下楼梯清理障碍、打开通道、关闭阀门、发现危险源、自主规划行进路线等多种操作。

岳永铭

工程科学学院博士生

张　宇

毛世鑫

向斯睿

林　丽

 创客故事

## 撼地者——全能勇士救援机器人

2021年夏天,北京环球影城开业,"碎嘴儿"威震天在社交网络迅速走红,让北京环球影城的变形金刚主题区狠狠刷了一波屏。

40多年来,"变形金刚"不断推出系列动画片和科幻动作电影,很多人关于机器人的最初启蒙,就来自那句热血沸腾的"全体汽车人集合!"

其实,2012年,孩之宝还曾打造过一套全新动画片《变形金刚:救援机器人》,汽车人紧跟时代,不再打打杀杀,而是团结一心参与到各种救援活动中,让人脑洞大开。

对于很多男生来说,拥有一款正版的变形金刚,就是童年时最大的梦。

而有些人却将梦想照进现实,组队研发出一款应急救援领域的全能勇士——撼地者。

撼地者团队由多位中国科学技术大学工程科学学院硕、博士生及机器人行业资深从业者组成。面对地震、爆炸、火灾等多种复杂恶劣的灾后环境,团队自主研发了具备越障、感知、探测、作业等多种功能的智能应急救援机器人"撼地者",大大提高了救援效率,减小救援人员伤亡,保障了人民的生命安全。

### 世界冠军,全能勇士"撼地者"

代表本项目来参加2021双创训练营"新苗计划"项目辅导会的是撼地者团队负责人岳永铭。

岳永铭给人的第一印象就是玉树临风,像是从青春偶像剧中走出来的"学长"。他笑称,自己是为了"撼地者"项目才频繁"营业"的。

岳永铭本科毕业于中国科学技术大学工程科学学院,现博士在读。他不仅有着多年机器人研发经验,参与研发"撼地者"救援机器人、仿生四足机器人等,还作为技术骨干参与科技部等部门的多项科研课题。

岳永铭在接受访谈时,团队另一位负责人张宇一直站在旁边安静倾听,让人感动于团队的力量。张宇同样本科毕业于中国科学技术大学工程科学学院,现硕士在读,他还是中国科大机器人俱乐部的会长,曾多次获得RoboMaster、RoboCon等全国机器人比赛的大奖。

RoboMaster、RoboCon现为国内顶级高校机器人赛事,每年清华大学、哈尔滨工业大学、北京理工大学等国内一流工科院校都会来参赛,既是各家大练兵的好时机,也是交流机器人前沿科技的重要平台。而中国科大的机器人俱乐部,在全国高校中也属一流团队。

20年前,"机器人"只是经常出现在科幻小说和动画片里。但这几年,机器人在日常生活中越来越常见——孩子们喜欢各种能对话的智能音箱,主妇们青睐能自己充电吸尘自清洁的扫地机器人,医院里有导诊机器人,餐厅里飞奔着送餐机器人,展馆里有语音导览机器人……

而岳永铭的团队,为什么会选择救援机器人作为科研方向呢?

他说,一切都是机缘。

2020年初,团队参加首届"智创杯"前沿技术挑战赛,这是一项面向灾后复杂环境救援的行业顶级赛事。他们团队从海内外15支决赛队伍中脱颖而出,在以"灾后区域的探测与处置"为命题的锦标赛中摘取桂冠,并获800万元奖励。也是通过这次比赛,团队有了相关的技术储备,觉得科研的努力不该白费,就选择了在应急救援这条创业赛道上继续前进。

张世武教授、陈浩耀教授及团队成员与"撼地者"机器人合影

近年来,应急救援机器人的应用场景愈发广泛。从地震洪涝到火灾矿难等,整个行业都在快速发展,预计市场规模可达百亿元。而目前国内的救援机器人行业尚属起步阶段,现有产品主要有单兵救援设备、智能无人机、侦查机器人和排爆机器人等。

团队将复杂环境自主导航技术、机械臂自主作业技术和复杂环境通过技术这三种关键技术,都落实到具体方案设计中,并配合必需的通信操作功能,组成了"撼地者"智能应急救援机器人。它适用于地震抢险、火场抢救等场景,是智能应急救援领域不折不扣的全能勇士。

因这款机器人防护完备,体型巨大,上下楼梯和清理障碍时,地面都在震动,所以他们给这个履带机器人取名为"撼地者"。

## 科研与创业,既有共通更有差别

第一眼见到"撼地者"时,我就想到了著名的科幻电影《机器人瓦力》。除了头顶少了一对大大的圆眼睛外,两位还真是像呢。当然,瓦力后来发展出更多类似人类的情感,而撼地者目前还做不到。

我们普通人对于"机器人"的想象,总脱离不开"人"的固有形态,或者至少得像个动物吧。谷歌就曾收购过Boston Dynamics公司(现被韩国现代集团收购),并推出过两款腿式机器人——四足机器人SPOT和双足机器人ATLAS。网络上曾发布视频,ATLAS行云流水地做了一整套空中转体体操动作,有网友弹幕留言,"太惊人了,这些动作我都做不了"……

岳永铭说,这两款机器人的技术都非常先进,相比于"撼地者"这种履带式机器人,腿式机器人的环境适应能力更优秀。但由于其负载能力较小,控制更加复杂,现阶段还没有得到大规模使用。而"撼地者"这种履带式技术更加稳定成熟,负载能力大,功能多样,也能够更早走向市场。

这就是"科研"与"创业"间的差异吧。

在岳永铭看来,科研和创业都离不开技术积累。但科研的内容更注重于工作的创新性,创业的内容则更注重市场价值,也更注重产品的功能性和稳定性。想要推出一款产品,一定要先做市场调研:客户在哪里,有哪些痛点和需求,竞品有哪些,别家的优势有哪些……

近几十年来,特别是美国"9·11"事件后,美国、日本等发达国家在地震、火灾等救援机器人的研发上做了大量工作。目前国际上救援机器人主要分为以下几类:履带式救援机器人、可变形(多态)救援机器人、仿生救援机器人等。而这一行业较发达的国家,以日本这样多地质灾害的国家为代表。

岳永铭介绍说,国内也有些单位在做同一方向的研究,比如说哈工大机器人集团、中兴机器人等,但很多产品更适用于特定场景,比如消防机器人、水域救援机器人、井下救援机器人、军事作业机器人等,真正适合民用应急救援的并不多。根据他们目前的调研,甚至可以说没有真正适合救援现场的机器人,所以从某种程度上来说,"撼地者"做的事,是在填补市场的空白。

"撼地者"主要包含四大核心系统:跨地形运动作业系统、多自由度精准作业系统、全向感知与自主导航系统以及实时影像回传与遥操作系统。

对于关键技术,团队申请多项发明专利,目前已有授权专利4项,还有6项正在受理当中。与市场上现有产品对比,"撼地者"拥有自主知识产权的障碍清理、环境感知、自主作业与自主探测能力,在智能程度和作业性上大幅度领先。

"撼地者"实力过硬,除在"智创杯"救援比赛中获得世界冠军外,2021年团队又获得两笔共735万元的订单。这两笔订单来自科研院所及比赛的相关单位,希望他们把这个项目继续推进下去,不仅有"撼地者"一代,后面还有二代、三代,希望团队能一直保持技术优势和产品升级。

岳永铭的团队计划于2021年年底成立公司。虽然目前业务更多偏向于科研方向,但后期,他们期待"撼地者"能真正应用于应急救援部门,比如与蓝天救援队合作,希望在灾害现场能发挥"撼地者"的作用,这也是他们做科研最大的动力与价值。

"从实验室的作品到真正能使用的产品,中间还有很长的一段路要走。救援现场是非常恶劣复杂的环境,但我们创业的目标,一定是'撼地者'能真正投入使用。"

## 技术不能用难易来评判好坏

岳永铭本科就读于中国科学技术大学工程科学学院精密机械与精密仪器系。他说自己从小就对拆卸零件感兴趣,专业正好给了他合理"折腾"的机会。读本科时,他就常和团队几位成员组队参赛,正因为大家心中都有对机械的热爱,在打比赛的过程中不断实践、锻炼,才有了今天的成长。

美剧《生活大爆炸》里,那几位"科学怪人"经常做些和自己专业有关的小礼物送给美女们。笔者问岳永铭:"你们也会给自己做一些机器宠物吗?"

他笑着说:"只会做一些跟研究方向相关的东西,比如之前做过一个机器人,能简单地走一走,可以起立、爬卧、向前走、向后走、拐弯这些,主要也是跟研究方向有关,为后续研究做储备。"

是啊,真正的科研者,时间如金子般珍贵,日子哪能像电视剧里那么活色生香呢?!

创业后的岳永铭更忙了,"创业者"三个字不仅意味着一个新身份和一个新开始,他更需要考虑很多以前没有思考过的问题。

从专业角度,不光要从技术层面看待现在的研究,还要从市场角度去考察项目的价值;开始学习做公司,需要兼顾很多事,不能只考虑学业;由于"撼地者"创业项目的路演需要面对面向投资者及用户介绍产品和功能,他有了很多表达和展示的机会,但也对他的表达能力提出更高要求⋯⋯

作为中国科大学子创业,他认为目前最大的挑战是如何做好时间管理,如何兼顾学业和事业。毕竟,每个人的精力都是有限的。

另一个挑战,就是创业团队管理。"撼地者"项目,目前的创业伙伴主要是当时参加比赛的团队技术骨干,他们还引进了几位有市场管理及融资经验的资深从业人员。岳永铭认为,团队最重要的是大家愿景一致,才能向着同一个目标,一路披荆斩棘,最终抵达终点。

有人说,创业是九死一生。作为一个初出茅庐的创业者,岳永铭最担心的还是自己研发的产品能不能在救援现场真正发挥作用。

《礼记》说"教学相长",王阳明说"知行合一"。对于岳永铭来说,所有的理论必须能应用于实践,又可以在不断实践中修正科研的方向,这样的创业才更有意义。所以,实践,不仅是在各种灾害现场,更有中国科学技术大学创新创业学院组织的一次又一次培训和辅导,请来众多专家和行业人士,面对面耐心倾听他们的创业困惑,为团队答疑解惑、指点迷津,这也是珍贵的实践经验。

这几年,民用机器人市场发展很好,作为一个创业项目,可能"钱景"会更好。笔者开玩笑地询问岳永铭,会不会觉得做一个送菜机器人太没挑战。他连连摇头,"一个技术不能用难度来决定它是好是坏,更应该说,它的技术含量适不适用于当下场景,比如,饭店里的传菜机器人没必要用很复杂的技术,也没必要用很复杂的传感器,这样成本会很高。满足特定场景需求,质量稳定,成本低,就是最好的机器人助手。"他停了停,认真地说:"我觉得不应该因为它简单就瞧不起它。"

看他对机器人如此真爱,笔者紧追着问了一句:"如果以后有机会,你愿意在家里养一个机器人作为宠物或朋友吗?"

他想了想,答道:"目前我可能还是更愿意和人类多接触。"

## 项目价值

近年来,全球自然灾害和人为事故频发,严重威胁人类生命安全和社会稳定。救援人员能否快速高效开展救援工作,关系着被困人员的生命安全,因此事故发生后有救援"黄金 72 小时"之说。救援现场往往环境恶劣,救援人员和大型救援设备难以深入救援现场,从而延误救援时间。此外,救援现场次生灾害频发,严重威胁救援人员的生命安全。因此,研发能够执行危险区域探测、搜救和作业的应急救援机器人的意义重大。

"撼地者"属于应急救援类特种机器人,主要有三大核心技术:全场景通过技术,机器人可根据不同环境采取不同策略,高效、稳定通过各种复杂环境;复杂环境自主导航技术,机器人具有智能搜索和自主行进的能力,在各种复杂环境及信号屏蔽环境下也能正常作业;机械臂自主作业技术,机器人可以自主完成开门、抓取等操作,提高了机器人的易用性,拓展了机器人的自主作业场景。

"撼地者"在复杂环境中有自主导航技能。采用LWGOLOAM(Light Weight and Ground-Optimized Lidar Odometry and Mapping)方法进行自主定位,该方法相比于传统的 LOAM 方法具有相似甚至更好的准确性,而且所需算力较低。

机械臂自主作业技术。在机器人的机械臂抓取作业任务中,由于传感器的噪声是不可避免的,并且物体间通常都会存在遮挡的情况,因此如何精确地计算物体的材料、形状、质量以及位姿等物理性质是抓取问题的主要难点。随着深度学习的发展,通过制作抓取标签然后训练深度神经网络,可以成功实现多种物体的抓取规划,并且此类方法不依赖先验物体模型,具有较好的泛化能力。

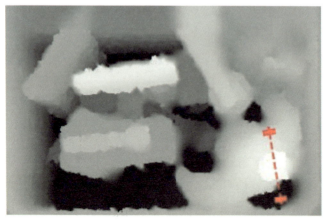

**抓取位姿生成效果图**

全场景移动通过技术。移动系统的性能决定了整个机器人的运动性能和环境应对能力,是整个机器人的基石。机器人上采用全场景通过技术来保证其在各种复杂环境下都具有良好的通过性,该技术主要依赖于机器人的两大系统:悬挂式履带系统和可变形摆臂-推铲复合系统。

为进一步提升机器人的爬坡、越障能力,消除重心过高带来的不稳定因素,团队在机器人末端加装了独有的可变形摆臂-推铲复合系统,不仅能够在上下楼梯、陡坡以及跨越壕沟时增大接触面积，提供更多有效支撑，还能有效清理大型障碍，使得机器人拥有更好的地形适应能力。可变形摆臂–推铲复合系统主要由闭环电动伸缩推杆、两条被动摆臂履带和推铲支架结构件三部分组成。可根据机器人所处环境、机器人当前姿态实时调整推杆长度，进而调整摆臂的角度，保证机器人的运动稳定。

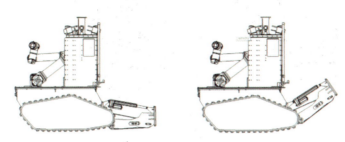

可变形摆臂–推铲系统示意图

凭借以上三项核心技术，"撼地者"应急救援机器人可以完成各种复杂场景下的应急救援任务，比如，信号中断环境下的自主搜索，寻找危险源，浓烟环境下的生命探测、火源探测及伤员的营救等。

"撼地者"成功从火灾房间中救出伤员

## 访谈心声

**主持人**：为什么给这个机器人取名"撼地者"？

**岳永铭**：因为它防护完备，体型巨大，上下楼梯、清理障碍时地面都在震动，所以叫"撼地者"。

**主持人**："撼地者"能进入火灾、爆炸等现场，都是高危作业环境。机器人运用了哪些特殊材质，保证工作过程中的安全呢？

**岳永铭**："撼地者"车体由坚实的合金钢铸造焊接而成，达到IP66防护等级，车体可浸没水中运行，还具备一定的耐火性能；履带由高性能橡胶加凯夫拉纤维制成，防滑耐磨，使机器人可以适应各种复杂地形。

**主持人**：你们研发的是救援机器人，有没有和蓝天救援队这样的组织联系过？他们应该要经常面对各种艰苦甚至是危险的救援场景。

**岳永铭**：目前还没联系，从实验室的产品走向真正实用阶段，中间还有很长的路要走，救援现场是非常恶劣复杂的环境，对"撼地者"来说，现在还为时过早，但希望后面能投入到各种灾情救援的使用中。

**主持人**：这样一台机器人的成本是多少？市场上有同类产品吗？你

们的项目产品有价格优势吗?

**岳永铭**:硬件成本在60万~80万元,市场上的产品多为侦查机器人或排爆机器人,像"撼地者"这样具备多种救援功能的产品还较少。救援机器人市场,主要是面向应急救援部门等政府机构,更注重产品功能而非价格,而"撼地者"已在行业赛事中得到了技术认可。今后随着技术的发展,救援机器人将在应急救援任务中得到越来越多的应用,未来必将实现大规模应用。

**主持人**:作为一名中国科大学子,为什么会选择创业?想用你的项目研究成果解决行业里的什么难题?

**岳永铭**:开始创业纯属机缘巧合,之前参加了一个救援领域的专业赛事,并取得了不错成绩,于是团队继续向前发展。今后,我们想把"撼地者"应用于各种救援任务中,以提高救援效率,减小救援人员伤亡。

**主持人**:你觉得做科研和创业,有哪些区别和联系呢?

**岳永铭**:科研和创业都离不开技术的积累。但科研的内容更注重工作的创新性,对产品的稳定性等要求不高,创业的内容更加注重市场价值,也更注重产品的功能和稳定性。

**主持人**:创业对你意味着什么?又给你带来了哪些改变?

**岳永铭**:创业意味着一个新的身份和一个新的开始,需要考虑很多以前没有思考过的问题。带来的改变有:① 不仅从技术角度看待问题,还要从市场及其他角度;② 需要兼顾更多事情,不能只考虑学业;③ 有了更多表达和展示的机会,需要面对面向投资者及用户介绍我们的产品和功能,锻炼了自己语言表达能力。

**创业者说**

科研和创业都离不开技术的积累。但科研更注重工作的创新性,而创业更注重市场价值,也更注重产品的功能和稳定性。科学技术是第一生产力,要沉下心来钻研技术,稳扎稳打,做真正有用的事,把科学技术落到实处,转化为对国家、社会、人民有用的事业。

## 专家点评

这个项目我们看过多次,每次都有不一样的感受。尤其在这两年,疫情和水灾等一些特殊场景下,确实需要机器人代替工作人员处理问题。也正是因为大家对这种场景有了感性认识,因此对该项目的产品价值有了更深入的认知。从另一个角度来说,我们对救援机器人的科普,做得并不好。这个项目不缺技术含量,可是大家在技术含量的表述上,却不够凸显、不够到位、不够通俗,语言表达的对象感和感染力严重缺失,这可能就是我们给别人造成"只有高原,没有高峰"感觉的原因。

机器人领域的创业公司,最需要注意的就是技术"适度"。"资源稀缺"是我们在经济领域经常提到的一个词,资源就是时间、金钱和人力成本。对于创业公司来说,资源更是非常欠缺的,因此资源的有效使用就更为重要,很多创业公司都是因为资源消耗过快而撑不下去的。针对这个风险,创业公司对应的技术使用原则就是"能省则省",在技术使用策略上的准则就是"简单化",越简单越好。当然这个简单是建立在理性分析的基础上的。技术人员有时会认为技术实现越复杂、全面,就越能体现其技术水平,这是非常错误的一个观点。衡量技术水平的唯一标准就是"是否能有效支撑业务发展",比如说开发速度快、后期问题少,假如能做到这些,那么这个技术团队就是优秀的。

一味追求技术领先,可能会给你带来很多其他问题,例如,成本过高,可靠性不够,或者你的产品只能停留在实验室,无法大规模商业化等。在投资领域经常遇到的现象,就是技术非常酷,但一谈到成本，卖给客户三年回不了成本，这就属于典型的太超前了，除非能明显看到未来有一个显著的降价空间，否则就说明你这事做得太早了。这样就很容易成为被拍死在沙滩上的"前浪"。事实上，很多技术领先的东西最后都湮灭了，例如协和式飞机，速度比现在的波音客机速度快2倍多，但因为成本过高导致价格太贵（经济舱的票单价和波音的商务舱票单价差不多），而且可靠性不够，发生了一次空难后，就没有航空公司再给他下订单了，最终破产。这是很典型的例子，说明技术领先不一定代表商业成功。

　　提倡简单化理论，会让你从另一个角度去审视技术本身，比如有一些技术使用的建议也许看上去并不高大上，好像每个人都能明白，假如能有效实行，在创业初期就能够解决大部分的技术问题。一定要记住，技术很重要，但最终的目的是服务用户。大家不要为了秀技术而使用技术，而是要让你的技术为商业服务。

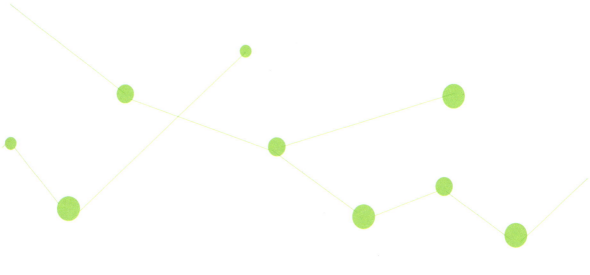

汇聚校友资源,培育科大产业英才,实现科创报国!

——夏振华(安徽格闰科技控股有限公司董事长,中国科大创新创业导师)

# 人造林：
# 仿生光热复合材料的低碳低能耗水再生系统

　　本项目受大自然水文循环启发，利用无处不在的太阳能，通过黑体材料进行光热转换，将海水、硬水和污水转化为水蒸气，并通过收集水蒸气，进而实现水资源的再生过程。这一过程中，无需引入其他能源和热源。且通过发展黑体材料的组分，可以同步实现水体中的有机物降解以及重金属污染物的富集回收过程。该项目有望解决缺水地区，尤其是能源资源贫乏、重金属污染严重和经济水平落后地区的污水再生问题。

赵浩雨

化学与材料科学学院博士后

周　杰　　　　　　董韦旭　　　　　　黄　晋

李岩松　　　　　　李东骏

 创客故事

## 海水、污水、硬水,如何转化为饮用水?

你觉得,太阳光是什么颜色的?

红色的?橙色的?还是七彩的?

但在物理学家眼中,太阳光是白中带绿的……

1904年诺贝尔物理学奖获得者瑞利研究发现,七彩太阳光传播到地面的过程中,蓝光被大气散射,天空变成了蓝色,而剩下直射的光线,则偏橙红色。

接着,另一位德国物理学家威廉·维恩对太阳等星球的发光散热问题进行了深入研究,得出太阳光是白中带绿的。他通过对黑体的研究,归纳出热辐射的基本定律,推动了量子物理学的发展,从而获得诺贝尔物理学奖。

听不懂?没关系。

总之,为了搞清楚太阳光到底是什么颜色,这两位物理学家都获得了诺贝尔奖;而后一位获得者维恩研究的就是黑体开量学。

这和赵浩雨带来的项目有什么联系呢?

因为赵浩雨研发的就是具有多级结构的仿生黑体复合材料,并进行功能纳米材料表界面修饰,以实现非对称浸润性可控黑体材料的宏量制备。

还没听懂?

没关系,我也没听懂这些专业学术名词。

简单点说,赵浩雨研发的是一种仿生黑体复合材料,运用在光热水处理工作上。因为利用太阳能进行工作,所以更加环保;成本比现有的污水处理设备低很多,效率却更高;这个黑体材料,不仅可以净化污水、

提纯海水、还能将矿山用水中的金属离子进行富集和回收，从而实现矿山污水的低碳再利用。

这么牛的水处理技术，核心就是仿生黑体复合材料。

## 海水、污水、硬水，都可以转化为饮用水

众所周知，地球水资源并不丰沛，全球一百多个国家都存在着缺水问题。除了在日常生活中要珍惜用水外，污水资源的处理、循环再利用，对人类的生存与发展也至关重要。

狭义上讲，水处理一般指污水处理；但从广义来看，水处理可外延到给水处理、水务运营、污泥处理、中水回用、膜法水处理、海水淡化、黑臭水体治理、城市给排水规划、海绵城市等诸多概念。

人类进行水处理已有相当长时间，方式主要分物理处理法和化学处理法。

物理法简单点说就是用各种滤材，将水中杂质进行吸附或过滤，从而获得较干净的水质；而化学法则是利用各种化学药品，将水中杂质转化为对人体伤害较小的物质，或是将杂质集中去除。咱老百姓最熟悉的，就是将明矾加入水中，沉淀水中杂质。

赵浩雨的项目，属于物理水处理法，但和传统的物理处理法又有本质不同。

传统的渗透和过滤水处理方法，是通过物理阻挡和化学置换方式将水体中的杂质、分子或离子进行分离去除的过程。在这一过程，主要针对水体中的杂质进行选择性分离，往往需要多级分离装置来实现有效分离。

赵浩雨团队运用的光热水处理方式，利用无处不在的清洁太阳能，通过水的物理蒸发及冷凝过程，实现水的提纯。相较于渗透和过滤法，该方法分离效率较高，杂质去除率更是前者的十万倍以上，而且所需的物料及设备也更简单。

因为水体环境的复杂性,一直以来,水资源再生的成本都非常昂贵。但赵浩雨团队研发的这种仿生黑体复合材料,可以对复杂的水体实现高效净化,无论是硬水软化、海水淡化还是重金属污水处理等,基本能满足绝大多数水体的再生过程,应用场景非常广泛。

但他也坦言,并不是所有的污水都能处理,比如含有甲醇等小分子有机物的废水,用现有材料就很难处理。因为他们的净化核心过程是蒸发,对于和水体具有相近沸点(或共沸)的小分子物质,很难实现有效分离,这也是他们下一步需深入攻关的课题。

## 人造林、矿山用、两毛钱让淡水无处不在

赵浩雨的项目,大概是2021年双创训练营"新苗计划"重点项目辅导会上被导师提问最多的一个项目。

一会"人造林",一会"矿山用",一会"两毛钱能喝上纯净水"……确实把在场的听众都绕晕了。

在一对一访谈环节,笔者问赵浩雨:"今天各位导师的问题特别多,对你来说这是小场面,还是这个项目路演的常态?"赵浩雨答:"'新苗计

划'的辅导会,虽然人数是小场面,但人员都是大场面,特别导师们提出的问题,在我目前产业化创业阶段是非常专业的指导意见,会认真考虑老师们的意见和建议。"

赵浩雨解释说:团队之所以给项目取名为"人造林",寓意这项技术可以像大自然的树木一样,实现更环保的污水再处理利用;也可以像树木一样,能源源不断产生干净的水。

另一个关键词"矿山用",是因为这款仿生黑体复合材料有一个特别厉害的应用,可将矿山用水中的金属离子进行富集和回收,从而实现矿山污水的低碳再利用。这是该材料在一个细分赛道的应用场景。

"两毛钱喝上纯净水"的意思是,他们研发的材料,未来每平方米成本可降到两毛钱。当下的水处理行业,因为耗材量较大,材料成本又高,所以经济效益一直不好。但他们团队利用太阳能实现光热水再生的过程,成本相对较低,能耗也低,很符合国家"双碳"的政策号召。因为"又便宜又好",他才有了将科研成果转化为产品的信心。

根据赵浩雨的介绍,他们研发的这款材料水蒸发速率超过世界纪录两倍。笔者好奇地提问:"你提到这个材料可用于海水净化。既然蒸发速率这么高,如果用这个材料,多久能把太平洋全部变成淡水呢?"他很严谨地想了想,认真回答:"基于所需要的太阳能,照个亿万年,应该可以将太平洋全部实现淡水化吧。"……

从科研到创业,从发论文到设计市场化产品线,赵浩雨和团队规划的路线是这样的:"第一步,在太阳能相对富足的地区,通过与自来水厂合作,生产高纯度的饮用水和售卖一些家用净水器;第二步,在政策号召下,做企业废水减排,助力双碳目标的实现;第三步,直接售卖黑体材料或兴建自来水厂,实现自产自营。"

他还乐观地表示:"由于饮用水是民生根本需求,具有千亿元的市场,我们产品具有政策和技术优势,保守估计在公司成立3年,将有9000万元的净利润。"

"在未来的应用方面,我们的器件可根据应用场景做出相应设计。

目前我们有产业型、便携型和家用型产品,能解决海岛、沙漠、污水及灾难应急等情况下的水资源再生。"

但赚钱还不是他的创业目标。作为一名材料化学科学工作者,他的终极梦想是"希望黑体材料能够解决全球的饮用水短缺问题,在低碳低能耗的基础上,实现两毛钱让淡水无处不在的愿景"。

## 企鹅毛,北极熊毛,仿生科研值得投入一辈子

其实在提前研读赵浩雨项目材料时,我就有一个特别好奇的点,"材料的隔热性提升仿北极熊毛发"。

这是什么意思?

这里,不得不介绍一下赵浩雨的履历了。

赵浩雨,2020年,于微尺度国家研究中心博士毕业,同年,入职中国科大化学与材料科学学院博士后。他一直从事桁架微纳米宏观组装体结构材料的仿生设计相关研究工作,在高水平期刊上发表论文16篇,引用1300余次,已授权专利4项。2020年以来,致力于将仿生结构功能纳米材料,应用于水再生领域,以解决淡水紧缺的社会问题,并计划将海水溢油清理与脱盐淡化工作结合,宏量制备多功能仿生黑体材料促进海水淡化实用研究。

赵浩雨的博士生导师是俞书宏院士。他入职中国科大化学与材料科学学院的博士后,合作的导师是钱逸泰院士。钱逸泰院士作为世界顶级无机化学家,执教60载,培养了5位院士,俞书宏院士也是他的学生。赵浩雨能与钱逸泰院士合作,也间接证明了他在科研上的优秀。他一直以来的研究方向,都是仿生结构功能的纳米材料;从2020年开始,才将这种黑科技材料应用于水再生领域的产品开发中。

在一对一访谈时,笔者作为科学小白穷追不舍追问:"北极熊和企鹅的毛发,在你研发的材料中,到底起了什么作用?"

他回答道:"自然界里,北极熊和企鹅都是恒温动物,它们之所以能在

极寒地区生存,就因为表皮覆盖了厚实的空心毛发,这种特殊的结构相较于其他动物毛发具有更高的热阻率,也就是更保暖,才能更挨冻。而光热水蒸发技术的核心,就是要开发具有高效隔热性能的多孔黑体材料。我们通过学习北极熊和企鹅的毛发结构,设计出具有类似空心结构的黑体材料,在极大提升其热阻率的同时,也有效提升了光热水处理的能量效率。"

虽然我并不太认可赵浩雨有很清晰的创业规划,但作为一个普通人,我还是对科学家的世界充满好奇。联想到前段时间网上有个特别火的博主,也是一位博士生小哥,每天都在视频博客(Volg)上吐槽被课题和实验逼疯的情景。我问赵浩雨:"你一路念到博士后,写了那么多论文,申请了那么多专利,做科研有没有崩溃的时候?"他笑答:"我在中国科大已经待了8年,如果说,为什么能坚持这么多年做科研,最吸引我的还是仿生这个概念。通过效仿大自然,做一些对人类有用东西,我对此非常感兴趣。因为真的在做自己喜欢的事,才能乐在其中。怎么可能没有被虐的时候,但因为真心喜欢,才会又虐又享受这个攀登的过程。"

听到这里,真的有点羡慕他。无论做科研还是创业,能找到心中真正的热爱,能被虐千遍也不逃跑也不抱怨,待专业永远如初恋,其实,这也是命运的福报呢。

 项目价值

2020年8月,中国科协发布的"2020重大科学问题和工程技术难题",包括"如何优化变化环境下我国水资源承载力,实现健康的区域水平衡状态"这一难题。解决缺水和水安全问题是推动我国经济可持续发展的保障。

受自然界水文循环的启发,利用黑体材料,在气液界面直接将太阳能转化为热能,以加速水的蒸发过程,即界面光热水蒸发技术(SSTE),被视为海水淡化和污水处理中较为低碳、经济和可持续的水资源再生技术。

然而,有限的蒸发效率和稳定性失效等问题都限制了其广泛的应

用。此外,在推动SSTE水处理产业化应用中,低成本、高寿命黑体材料的宏量制备困难,自然环境下水蒸发速率有限且长效性差,重金属污水的回收处理,再生水的安全性及"潮汐式"储存等瓶颈也亟待解决。

本项目旨在利用一种廉价的再生生物质作为原料,利用取向冰模板法和组装体热解法,制备具有多级结构的人造木/仿生黑体复合材料,并进行功能纳米材料表界面修饰,以实现非对称浸润性可控黑体材料的宏量制备。其中,非对称浸润性保证材料在SSTE中的长效光热转化和水运输功能,而仿生多孔结构使热量局限于相转化界面位置,从而实现高速率和持久的SSTE过程。此外,利用生物质本征优异的吸附性,实现了水体中重金属的富集和回收过程。结合同步辐射实验室软X成像中的三维成像技术,原位分析仿生多孔结构的内部精细结构,并基于表征结果研究其局热作用的原理。利用光电子能谱,进行非对称界面的自组装分子的表面结构及性能研究,并进一步分析SSTE过程,非对称仿生多孔结构降低水的蒸发焓及重金属富集的机理。最后,结合理论模拟,挖掘所构筑的多级材料与光热转化水蒸发性能之间构效关系。

本项目着眼于当下光热转化水蒸发在实际应用中的痛点问题,通过多级孔道结构的仿生设计和非对称浸润性界面的修饰方法,宏量制备了廉价高效的仿生黑体材料,并实现污水中的低碳低能耗重金属回收和水再生过程。该项目不仅为SSTE的应用开发和低碳水资源再生提供新的材料基础、结构设计思路和能源转化途径,也有望实现廉价耐候的碳基黑体材料在高速率光热转化水蒸发,尤其是低碳重金属污水再生领域中的产业化应用。

本项目的主要创新成果有:目前已拥有自主知识产权的黑体复合材料5种,包括仿藕非对称隔热抗结盐黑体材料、仿北极熊双功能碳基黑体材料、仿三明治结构的高光热转化黑体材料、再生生物质黑体材料和中空碳控热黑体材料。具有成熟的光热水再生系统2类。此外,初步的实验证明,所有材料和系统均能实现高速率、低成本和高耐受性的海水脱盐和污水处理能力。

 访谈心声

**主持人**：项目的主要创新成果里有一项"仿北极熊双功能碳基黑体材料"，提到了这项研究有仿北极熊的毛发和企鹅毛发，很好奇，是什么意思？

**赵雨浩**：自然界中，北极熊和企鹅都是恒温动物，之所以能在极寒地区生存，是因为其表皮存在厚实的空心毛发，这种特殊的结构相较于其他动物毛发具有更高的热阻率。而光热水蒸发技术的核心是开发具有高效隔热性能多孔黑体材料，我们通过学习自然界北极熊和企鹅的毛发结构，设计具有类似空心结构的黑体材料，在极大提升其热阻率的同时，可以有效地提升光热水处理的能量效率。我们选用廉价、耐候、易加工且本征吸光性强的碳基或生物质材料进行仿生结构设计。

**主持人**：你们的公司名叫"人造林"，项目名称中又有关键词"矿山用"，都是什么意思？

**赵雨浩**：一方面，我们的揭榜赛道就是矿山用水处理命题；另一方面，我们的人造林材料，就像大自然中的树木一样，在进行光热水蒸发的同时，还能富集水体、土壤中的营养物质；而矿山用废水中含有大量的可

利用金属离子,我们的材料在应用于这方面水体再生的过程中能实现废水的资源化利用,提高经济效益,更有利于材料的开发和推广。

**主持人**:这款黑体材料,什么样的污水都可以过滤吗?

**赵雨浩**:我们的材料,可以对非常复杂的水体实现高效净化过程,基本上能满足绝大多数水体的再生过程,比如硬水软化、海水淡化及重金属污水处理等。但也不是所有水都能处理,比如含有甲醇等小分子有机物的废水就很难处理。因为我们的净化核心过程是蒸发,对于和水体具有相近沸点(或共沸)的小分子物质,就很难实现有效分离,这也是我们下一步需要深入攻关的课题。

**主持人**:这项技术,未来有可能运用于民用吗?普通单位或家庭,能用得起吗?

**赵雨浩**:我们项目的核心技术是开发高效黑体材料。相较于其他水处理方式,这种黑体材料可以长期使用,且材料耗费量非常小,所以我们的技术应用成本非常低。而且,解决贫瘠和低能源地区的健康用水问题,就是我们人造林技术最具特色和竞争力的地方,普通单位或家庭,完全用得起我们的净水材料和设备。

**主持人**:刚刚你在路演中说了一个概念,"两毛钱让淡水无处不在"。我不明白这个"两毛钱"是什么概念?是喝一杯水的价格,还是净化一桶水的成本?

**赵雨浩**:两毛钱是指我们材料的成本。现在的水处理行业,因为耗材量相对较大,材料成本比较高,水处理行业经济效益也是比较低下的。利用太阳能实现光热水再生的过程,成本会相对比较低,能耗也较低,更符合现在"双碳"经济模式的政策号召。

**主持人**:具体多大一块材料,只需两毛钱?

**赵雨浩**:每平方米材料的成本大概是两毛钱左右。虽然目前我们能够做到每平方米1元左右的成本,但更低的材料成本,是我们努力的方向。这样的材料,到底可以产生多少净水,需要根据太阳能的量,没有绝对的上限值。

**主持人**：理论上说，只要材料够大，海洋也可以被你净化为淡水湖泊吗？

**赵雨浩**：但还是要基于所需的太阳能，照个亿万年的话，你说的净化一个海洋，理论上是可以实现的。

**主持人**：你已经是博士后，为什么还会选择创业？想用你的项目，解决行业里的什么难题？

**赵雨浩**：创业并不是每一位科研工作者的追求，但将自己研究的成果进行推广，造福人民，我想是所有科研工作者的初心。人造林项目是受自然界水文循环的启发，致力于利用廉价、清洁和无处不在的太阳能，实现复杂水体的低碳低能耗再生过程，包括海水淡化、污水减排以及缺水供应。就像我们项目的口号一样，未来我们希望研究成果能够助力人们实现"两毛钱让淡水无处不在"的愿景。

**主持人**：在你看来，做科研和创业，有哪些区别，又有哪些联系呢？

**赵雨浩**：科研是创业的根本，创业是科研的助力，两者只有相互结合，互相反馈，才能更好地实现各自的价值和意义。没有科研支撑的创业行为是不具有活力和竞争力的，而科研离开了创业的推广和创业过程中的需求反馈，就变成了无意义的研究。

我们始终相信"科技是第一生产力"的理念，未来的科技创新，在国家富强、民族强盛的发展道路上，必将愈加彰显力量。作为中国科大的青年一员，也是科研工作者之一，我们一方面需要致力于自己的研究领域，开发更具有实际应用价值的材料；另一方面，也要注重成果的推广和应用开发。用自己的所学和所产，助力祖国的发展强盛。

## 专家点评

　　这个项目切入点很好,解决污水处理、海水淡化以及贫瘠地区的水供给问题。这个技术是一个"黑科技"。你们研发的一种成本很低的新材料,然后可以去替代现有的净水材料,但是应用场景和产品定位似乎还没有想清楚,目前打算进入的家用净水器市场是不是最好的商业场景?还有没有更适合的细分市场?

　　从"人造林",这个项目名称反映出一个判断:团队对于项目的产品形态考虑得不太清楚,不知道它应该是什么。可以理解为产品设计是比较模糊的,也没有系统地展示技术的真正实力。科技人员创业很容易陷入一种技术思维,比如我手里拿的话筒,如果用技术思维介绍,可能会更多地介绍话筒的材料,介绍内部线路设计,介绍它的性能指标,适用多大范围等,这是很典型的技术思维表述方式。但若是向别人介绍一个崭新的、不曾有过的产品,尤其是向不懂技术的人介绍产品,最好使用产品思维的表述方式。产品思维更侧重使用人能够得到的好处和方便。同样是介绍话筒,我们可能会说这个装置装入电池后,你冲着它只需要低声讲话,即使距离很远,别人也能听见。这就是产品思维的表达方式。

　　科技创业的特点,是创业者的大部分技术都来自自己近期的科研成果。科研成果可能是某些特别前端的技术指标,科研工作者向别人描述这些技术指标非常容易,因为这就是他的工作。但创业指的是你使用科研成果做出了一个新的产品,产品是给别人用的,原来的技术指标必须转换为使用者的功效,很多很厉害的技术,如果别人听不懂,也就无法真正明白你的厉害之处,就像这个黑科技,你的表述反而掩盖了它的光芒。在创业过程中,想做到这一转换其实很不容易,其中的难点之一,就是技术思维向产品思维的转换。

希望同学们勇于探索和创新,不要畏惧失败。创业的过程能极大提升个人和团队各方面能力,请享受创业过程中的各种挑战。人生本就是一个不断创业的过程。

——金腾川(中国科学技术大学生命科学与医学部教授,中国科大创新创业导师)

# 环轩材料：低温高效乙烷催化氧化制乙烯

  乙烯是化学工业中重要的化工基础原料之一，是世界上年产量最大的化学产品。乙烯的产量是衡量一个国家石油化工水平的重要标志。目前，乙烯主要通过石脑油的蒸汽裂解和乙烷热裂解工艺制备。这类裂解过程是一个强吸热反应，反应温度一般高于900摄氏度，能耗高，且受热力学平衡的限制。

  该项目目前已经研发乙烷氧化脱氢制乙烯高效催化剂至第三代，初步具备工业化应用前景，在低温反应条件下乙烯时空产率高，远远超过工业化应用要求，并具有良好的稳定性。相比较而言，乙烷氧化脱氢制乙烯技术具有明显优势，是一条低能耗、符合碳中和概念且有良好经济效应的制备乙烯路径，与煤化工路线相比，具有更好的经济性和环境友好性。

章轩语

化学与材料科学学院博士

卫泽跃　　　　　　　师晓宇　　　　　　　傅　聪

## 十年寒窗，只为催化剂技术的"独步武林"

"什么是衡量一个国家综合国力的标志之一？"

文科生答："民族团结和民族凝聚力。"

理科生笑笑，说："是乙烯。"

这是个段子。

作为一个化学专有名词，"乙烯"和我们似乎很遥远。其实，作为十分重要的化工原料，"乙烯"一直就在我们身边，如影随形。

从曾经的"的确良"到今天色彩斑斓的时装，从12英寸黑白电视的简陋外观到液晶电视的精美外壳，从价格低廉的塑料用品到高科技化工材料制作的高档家具，这些都与乙烯紧密相关。

乙烯在工业上就好比面粉，你要吃馒头、包子、烤饼、油条，都需要面粉来做，有多少面粉才能做出多少馒头。乙烯，被称为"石化工业之母"，是石油化工基础性原料，也是世界上年产量最大的化学产品。

毕业于中国科学技术大学化学与材料科学学院化学物理系的章轩语博士对乙烯情有独钟，在多年的研究与实验中，探索并独创出了"乙烷催化氧化制乙烯"的催化剂技术。

## 这位"双创"比赛选手有点不一样

和众多参加"双创"比赛的选手有点不一样，章轩语在2020年9月就已经成立了自己的公司——安徽环轩材料科技有限公司。公司注册资金1000万元，主要从事各类催化剂研发、生产，催化相关评价装置、设备定制销售以及科研仪器设备销售等业务。目前，公司业务发展比较稳定,团队的目标是立志成为国际一流的催化剂研发和生产企业。

梦想很大,起步不晚。章轩语一边忙着公司业务,一边还准备参赛,两方面虽然并行不悖,但参赛过程也会挤占不少时间。当然,章轩语有着自己的"小算盘":"比赛过程中,我在完善商业计划书以及项目文本的同时,还可以梳理我的创业逻辑。而且会有各行各业的专家评委参与其中,他们会对我的项目有一个综合评价,虽然在专业技术方面我们有着充分的信心,但是在创业过程中的其他方面,如财务分析、企业规划、组织架构可能都不是我们的强项,参加比赛可以提升项目各方面的内容。"

毋庸置疑,章轩语博士是位目标明确、思路清晰的创业者,他十分清楚自己及公司的优劣势。参加"双创"比赛这样的社交活动,对他来说,是学习,是交流,更是一个拉升"长板"、补足"短板"的过程。

荣誉虽然代表着过去,但记录着成长的历程。翻开章轩语的简历,2017年获硕士研究生国家级奖学金,2020年获博士研究生国家奖学金,2021年荣获"安徽省优秀毕业生"称号……,他妥妥的是一位"别人家的孩子"。

章轩语在一所普通的大学就读本科,后通过自己的不懈努力拿到了保送资格,进入中国科大化学物理系硕博连读。"我认为一个人要保持优秀,只能是脚踏实地、努力刻苦,不管是科研还是创业,任何人只要努力、肯干,肯定能取得一系列系统性成果。"章轩语说。

## 你有你的"热裂解",我有我的"催化剂"

如今,我国是世界上最大的化工产品生产国和消费国,总产值世界第一。 然而,大多数人对化工行业并不真正了解,一提起化工行业,就认为与污染、毒害和危险相伴,不少人谈"化"色变,唯恐避之不及。

这当然是个误解。如果没有化工材料,我们的日常生活都会受到影响。乙烯是化工的基础原料,比如,我们穿的衣服、用的塑料,都要用到乙烯。乙烷在天然气中的含量为5%~10%,仅次于甲烷,以溶解状态存在于石油中。在化学工业中,乙烷主要作为蒸汽裂解生产乙烯的原材料。

"现在低碳烷烃的制备方式主要是热裂解,从热力学来说,它是吸热反应,单纯转化率不会很高,反应温度很大,能耗很高。同时,由于它的选择性不是很高,所以它所需要的分离设备也比较复杂,操作成本比较高,裂解炉容易积碳,需要定期处理。目前国内的热裂解技术相较于国外还存在较大差距。"本科四年,加上在中国科大的研究生六年,章轩语一直都在从事通过"乙烷"制备"乙烯"的项目研究。功夫不负有心人,他在老师的带领下,终于找到了解决方案:通过一种高效的催化剂,通过乙烷氧化脱氢制备乙烯。

"从第一代催化剂做出来的是425摄氏度的反应温度,再到375摄氏度,现在可以做到350摄氏度,还在进一步优化,寿命现在已经达到2000多小时,目标是1年。目前同类型催化剂基本上没有这么高的活性,同时寿命也比较长,我们最新的这一代催化剂已经达到国际领先的水平。"谈起自己的"独门"技术,章轩语言语中透露着自信。

技术领先、能耗下降、成本也有竞争力,低温高效乙烷催化氧化制乙烯技术已经受到国内外一些化工公司的关注。章轩语计划在2023年之前,把催化剂制备的所有工艺产品先拿出来,做完整的专利包,然后联合一些石化企业或工程公司做"中试",完成工艺专利包,最后实现大规模的工业化应用。

这是章轩语的创业发展计划,也是他人生的梦想之路。如今,他正阔步行走在这条梦想之路上……

## 同为创业"小白",有共通之处也有诸多不同

和国内很多创业"小白"相比,章轩语和他们有共通之处,比如国家政策的利好、研究生导师的指导、师兄弟团队的支持等,但同时,也存在着很大的不同,比如家人的大力支持。章轩语就特别幸运,他创业得到了以父亲为首的家人的鼎力支持,更为关键的是,同是学化学出身的父亲还是他的投资人和公司股东。

以产品中试为例。章轩语说他们现在做到中试阶段,单单做一个中试实验就大概需要3000万元。这3000万元是他们自己投资的,没有用太多商业资本撬动。听起来是不是很牛?毕竟对于一般的初创企业来说,别说3000万,就是300万甚至30万,都可能会成为制约技术发展或者企业前进的"拦路虎",项目往往会因为资金的问题而停滞或者中断。但是,对章轩语来说,他少了这份担心,"后勤保障"相对充足,这是他创办企业最大的资本,也是他的优势所在。

章轩语的父亲一直在做传统行业企业,拥有丰富的企业管理经验,

在他看来,当下办企业,一定要有自己的技术优势,要做高科技产品,所以他非常支持章轩语做这种成果转化项目。于是,他不仅出资,还兼指导,成为章轩语公司的重要投资人与股东。

父亲对章轩语的帮助不止如此,虽然在专业领域上他比不上章轩语,但是在实体经济包括公司经营方面,他无疑是章轩语的社会"导师"。"他不会干预我们公司运作,会帮忙提建议什么的,他的很多建议确实挺有用的,我自己实践经历的话,就会走不少弯路,他直接告诉我后,就可能会避免。"章轩语说。师傅领进门,修行靠个人,父亲的教导是一方面,更多的时候还是需要自己去闯、去试、去摸索。

对章轩语来说,创业对他来说是全新的挑战,从大学到社会,从实验室到企业,从博士到董事长,也意味着身份的改变。"以前跟别人沟通交流都与学术相关,现在意识到不同场合要切换不同身份,例如给不同的人做报告,在向研究所推销这个技术时,就要讲得非常学术化,跟企业人讲就要讲得更直接一些,我能帮你干什么事情。还有做实验关注的是实验报告、研究结果,现在做企业还要考虑企业发展、利润、团队建设、资源整合等一系列问题,这些也都需要思维转化。"

多亏了父亲的全方位支持,章轩语少了很多后顾之忧。创业经历让章轩语对未来充满信心。"我们现在有现金流业务,有环境类催化剂产品,如小型化工厂排放的尾气含有机物质,需要利用催化剂处理,我们就提供这种催化剂。"章轩语说,"如今,公司有比较稳定的现金流,也有投资,能维持住正常研发,当务之急是把技术做得完善一些。技术上有优势,我们出去谈也更有底气。"

从大学本科到博士毕业,章轩语十年寒窗,时间全部花在了催化研究领域,他发自内心地希望自己做研究不仅仅是为了发表论文,更愿意看到自己的研究结果能在相应的产业领域上实现工业化应用。

虽然公司已经起步,也初战告捷,但章轩语清楚,创业从来不是一条平坦的道路。他会面临诸多挑战,需要努力的地方还有很多。但是章轩语不怕,他说,有压力才会有动力,"如果我们的技术能够实现突破,切实解决'卡脖子'的难题,那就非常有意义。"

很显然,这个"意义"正是章轩语追寻的方向,是他创业之路上一盏不灭的"明灯"!

## 项目价值

低碳烯烃作为应用最广泛的化工基础原料,是化工领域中最重要的一类基础产品,乙烯产品占石化产品的75%以上,在国民经济中占有重要地位。其主要用途是合成相应的聚烯烃、环氧乙烷、环氧丙烷、橡胶、纤维、黏结剂等下游化学品,与我们的生活息息相关。随着现代化学工业的不断发展,人们对乙烯和丙烯的需求也大幅增加,而且全球超过一半的化工需求来自中国。目前制备烯烃的工业化路径从原料来分主要有三种,分别是原油催化裂化路径,煤制甲醇随后经过MTO路径,直接利用乙烷、丙烷作为原料经过热裂解和催化脱氢来制备烯烃的天然气路径。

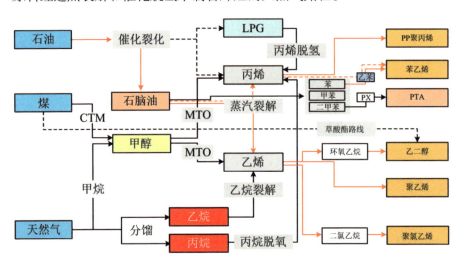

**目前生产烯烃工艺路径以及其下游产品**

从全球烯烃产业发展趋势来看,烯烃原料呈现明显的轻质化,更多是以乙烷、丙烷为代表的轻质烷烃为原料制备烯烃。国内烯烃原料主要还是来自石油及煤化工,占到总产能的80%,但是原料轻质化的趋势也十分明显,因为以乙烷为原料制备乙烯具有很好的成本优势,并且乙烷原料的成本随国际原油价格波动相对较小。国内煤化工路线多于油价处高位时投产,当国际油价下跌时,MTO 工艺将会面临更大的生存压力。此外,以乙烷为原料的制备工艺相较于其他几种工艺具有更好的环境友好性,特别是相较于煤化工制艺,能显著降低二氧化碳排放量,所以烯烃原料轻质化势在必行。

本项目通过构建具有自主知识产权的新型催化体系,研发乙烷氧化脱氢制乙烯的技术路径,打通低能耗生产制备乙烯新工艺。该工艺能低温高效乙烷制乙烯,相较于传统工艺路线,在相同时空收率情况下,大大降低反应所需温度,在温和的条件下即可得到高纯度的聚合级乙烯,且氧气可以有效避免催化剂积炭失活。

**低温高效乙烷制乙烯催化剂**

项目核心技术在于自主研发的高效乙烷氧化脱氢制乙烯催化剂,该催化剂体系已经初步具备工业化应用前景,反应温度低于 400 摄氏度的情况下,乙烷转化率在 75% 左右,乙烯选择性为 86% 左右,乙烯时空产率远远超过工业化应用要求,同时催化剂具有良好的稳定性。该催化剂配方技术获得授权国家发明专利。同步进行的催化剂放大合成实验也获得较好进展,现已能合成百克级别催化剂,可满足催化反应小试实验(100~300 毫升催化剂),并实现了催化剂放大合成所需原料的完全国产化替代,所合成催化剂的催化性能基本不变,成本已降低至 1/10 以下,并且预期可以通过优化配方进一步降低成本。

 访谈心声

**主持人**：对于普通百姓而言，听到化工首先就想到雾霾、污染，事实上并不是这样，化工和普通生活有什么关系？

**章轩语**：目前来看，像乙烯这种是非常重要的化合物，包括丙烯，但是大家对传统化工有一些误解，认为它污染比较大、碳排放比较高，其实并不是这样的。而且如果没有化工材料可能会影响我们的日常生活。

**主持人**：举个例子？

**章轩语**：比如我们身上穿的衣服，我们平时经常用的塑料，都是化学合成品，都是需要乙烯作为单品合成的。所以，我们学化学的人认为化工还是比较重要的。

**主持人**：你的这个创业项目最初是如何起盘的？

**章轩语**：项目源自于我博士阶段研究的课题，在一次实验尝试中意外发现了一个低温高效乙烷催化氧化脱氢制乙烯的催化剂配方。经过博士阶段后4年的研究，逐渐从初代催化剂配方慢慢优化，兼具

高活性和稳定性,已经初步具备工业化应用的前景,同时该专利配方已经申请到国家发明专利和PCT国际专利,这也促使我萌生了创业的念头。

由于家里有亲戚是从事化工行业的,在听了我的创业项目以后,认为项目本身非常有意义,同时具有很好的前景,所以也加入了我们的顾问团队,为我们对接相应的石化企业,为我引荐了相关的行业顾问。正是有这些人的支持,才更加坚定了我创业的决心。

**主持人**:你已经成立企业了,还来参加这样的"双创"大赛,想获得什么?

**章轩语**:参加双创大赛,我既能完善自己的商业计划书及项目文本,也可以梳理我的创业逻辑。而且会有各行各业的专家评委参与答辩环节,他们会对我的项目有一个综合评价,虽然在专业技术方面我们有着充分的信心,但是在其他方面,如财务分析、企业规划、组织架构可能都不是我们的强项,参加比赛可以改进项目各方面的内容。

**主持人**:创业给你带来了哪些改变?

**章轩语**:创业对我来说是全新的挑战,也意味着身份的改变,以前作为学生,做重大决定时都会征求导师的意见,而作为公司董事长,很多事情都要我自己来做决定。对自身改变主要有以下几个方面:做决策前,会仔细考虑周全,同时参考各方面人员的建议。从前做科研时,往往是有想法就直接去做实验证明,而开公司并不能如此随意。人际交往方面,在做企业以后,会接触到各行各业的人,也提升了我的人际交往能力。整合资源的能力有所提升,创业所需要的往往是综合实力。

**主持人**:"双创"意义重大,希望你们的科研成果能够真正改变我们的生活,会给你的同学们提创业方面的建议吗?

**章轩语**:我希望更多的人,特别是中国科大人吧,做科研时也多考虑科研成果的转化,你做的东西可能很小,但是如果真的能针对一些技术有突破的话,确实非常有现实意义。

**主持人**:想要赢,还是靠科学家。

**章轩语**:对,做实验的时候,要多往这方面想一想,观念转变一下,因为学校也在鼓励成果转化,慢慢情况都会好起来,因为现在中国基数比较大,确实有机会做一些突破的技术,相信未来会越来越好。

创业者说

我认为作为中国科大学子,在自己所擅长的专业领域或者研究成果中,发现能够推广、应用到人们日常生活当中的技术是一件非常有意义的事情。如果大家都抱着这样的心态,相信过不了多久,我们国家就不存在"卡脖子"等难题,也会拥有属于自己知识产权的相关技术,不会再受制于人。

 **专家点评**

  我们都希望做企业的人要有长期主义原则,但真正具备长期主义是需要条件的,一是战略方向正确,二是有一定的资本。

  这两个条件很容易理解。首先,方向不正确还长期,那不是错得越来越离谱吗?所以方向正确是长期主义的前提。其次,即使方向选对了,长期主义就意味着不能只做短期行为,也要做基础工作,步步为营。很多行为可能不是立竿见影、马上盈利的,那就意味着要有一定的资本基础,允许你一步一步来,饿着肚子是做不到长期主义的,必须短期,短视者是很难做到长期的。所以,资本基础是方向选择的前提。

  由此可见,长期主义不仅是时间问题,也不仅是认知问题,需要具备一定的条件。这也是年长的、有一定经验和经济积累的创业者,在选择的创业领域和商业模式时往往比年轻创业者更偏向长期的原因。方向的选择非常重要,创业本质上就是一种试错。所以我们一定要在战略方向正确的前提下,坚持长期主义。如果方向错了,所有的试错就只是沉没成本的增加;但如果方向是对的,试错就是一种有效知识的累积。

  一般而言,在一个产业领域、产业链上越靠前的往往越基础,越靠后的、越靠近最终客户的,往往越聚焦。选择越聚焦的地方,选错的风险就越大,越基础的领域可能相对安全些。但是创业公司往往资源紧张,不可能把"饼"铺得太大,只能选择小的尝试点。这既是初创公司的无奈,也是投资初创企业的风险。

  这个项目的特点,就恰好满足了长期主义的两个条件。创始人家族的支持，使得创业者有了一定的经济基础；而且他研究的领域又是化工基础领域，范畴很大，方向就不太会错。因此，这个企业暗合了长期主义的基本原则。但在未来的经营中，还需要主动采纳长期主义的管理思维。

长期主义体现在企业的经营实践中，有三个关键点：第一是业务组合；第二是核心竞争力；第三是组织能力。

所谓的业务组合就是"吃着碗里、看着锅里、种着田里"。产品是有生命周期的，如果前期不做好准备，围绕所谓的第二增长曲线、第三增长曲线做好准备的话，等主业进入了一个红海，进入存量市场衰退期时，增长就没有了，衰退开始出现。现今全球经济环境不好，很多企业生存艰难，但我们也看到很多企业运行良好。活得很好的企业有几个特点：第一，选择的业务在时代的新风口上，比如围绕芯片、新能源产业链的；第二，尽管是存量业务，而且是传统产业，但基于客户痛点或行业痛点进行了改造和创新；第三，就是也没有什么变化，既不是风口，也不是商业模式改造，但原有的业务形成了核心竞争力，这就是所谓的隐形冠军。

核心竞争力来自长期持续的投入和累积，现在承受的所有痛苦，基本上是因为过去在核心竞争力上投入和累积不足，而这恰恰就需要时间，需要长期主义。

短期与长期的组织能力，有点像猎人和农民的差异。猎人靠的是枪法准，一枪打一个猎物，狩一季猎，其他三季就可以歇着。农民种地就不是这样，种地必须不断地干，春种夏锄秋收冬藏。打猎是单一因素，农民务农是系统因素。比如，种子质量差不行，种子好但土壤不好也不行，有虫害的时候不打农药也不行……打猎能力不易培养，但农民的系统能力更难建立，需要持续花时间去做。

希望这个项目能成为长期主义的成功案例。

创新永无止境,创业没有终点,愿每棵"新苗"在经历风雨阳光后,都能够茁壮成长,成为参天大树!

——朱宗瑞(容诚会计师事务所管理合伙人,中国科大创新创业导师)

# 铝燃料电池：
# 绿色环保的离网应急储备电源产品

在应急救援体系中，物资装备保障是最重要的基础之一，其中应急电源更是保证照明、通信、救援设备运行的唯一电力来源。按照应急救援装备的配置要求，应急电源属于必须配备、多套配置且平时储备的核心重要装备，必须做到长期储存、即启即用、安全可靠。小到随身携带的照明电源，大到供给救援设备的动力电源，都需要更为合适的电源解决方案。

本团队针对燃料(金属)电池的优势特点，提供不同的电源产品设计，满足不同的应用场景，为应急救援中可能发生的情况提供可行的解决方案。

项目产品是一款绿色环保的离网应急储备能源产品。技术核心是金属燃料电池，基于该技术，研发的一款在离网和应急情况下使用的供电能源产品。

 核心团队

王 乾

工程科学学院博士生

史 军

 创客故事

## 这台应急电池,可以无污染待机十年

2021年10月,商务部印发一条通知,鼓励普通家庭在秋冬季进行应急物资储备。

消息一出,立刻引发不少舆论。在咱百姓心里,中国可是制造业大国,永远都是产能过剩,日用品只有卖不掉,哪有买不着?突然动员物资储备,为什么?况且,什么是应急物资?

各方反应倒挺快。家庭应急物资清单迅速传遍全网,超市把粮油干货直接拉进小区售卖,朋友圈还盛传一张图片——一只双开门大冰箱里

塞满了绿叶蔬菜……

很快,商务部就给出解释:根据气象部门预告,今冬拉尼娜现象可能会带来极寒天气,蔬菜恐会涨价,所以鼓励家庭储备应急物资,只是一项日常工作,不必过度解读,更无需盲目囤货……

我倒是没囤一冰箱的蔬菜水果,但确实跟着《应急物资储备建议清单》去某宝搜了"手摇充电手电筒",发现月销量超1万件,并且,已经断货……

## 什么是优秀的应急储备电源

在中国科学技术大学2021双创训练营"新苗计划"第三场辅导会现场,听完王乾的项目路演,我一下子就想到那个没抢购到的手摇充电手电筒。

采访他的第一个问题就变成:"你这个离网应急储备电源产品有家用版吗?能放在应急物资包里吗?"

"已经有研发,本来想带一个来,结果被同事先拿去用了。"

"是嘛?!我想买一个,大概需要多少钱?"

"小号的只能照明,可能几十元钱;如果想照明、充电都能用,需要两三百元。"

"那和充电宝有什么区别?"

"充电宝需要先充电啊,我们是离网电源产品。我们的项目叫燃料(金属)电池,你可以把它理解成小型发电机。它还有一大优势,放十年也不会自耗,需要时直接激活就行。"

"干电池都会漏液啊,它放十年无损耗、无污染?"

"是的,它无毒无害,里面甚至连易燃易爆的物质都没有,发电过程产生的盐水几乎是中性的,洗手都完全没问题,直接倒进下水道就可以冲走。所以我们的项目定位是'绿色环保的离网应急储备电源产品'。"

太好奇了!王乾带来的项目,到底是一个什么样的神奇产品?

中国基建世界闻名,无论繁华都市还是偏远山区,基本都已铺设了完善的电网、基站。长时间的停电、断网,对今天的生活来说,真有点陌生了。

其实,很多处于恶劣自然环境下的站点、高塔,还是很易被自然灾害破坏的,而且一旦发生紧急情况,就会造成区域性停电、停水甚至通信中断。这时候就体现出应急物资的重要性。

在应急救援体系中,物资装备保障是最重要的基础之一;其中,应急电源更是保证照明、通信、救援设备运行的唯一电力来源。小到随身携带的照明电源,大到供给救援设备的动力电源,都需要有更合适的电源解决方案。

按照应急救援装备的配置要求,应急电源必须做到长期储存、即启即用、安全可靠。但目前市场在应急备用领域的电源产品,还存在各种不足,现有一些能源产品,当使用寿命达到一定年限,还会存在污染问题。

作为燃料电池领域的专家,王乾团队认为,未来的应急电源,应该是一种绿色无污染、长寿命,可以离开电网自发电的电源。

他们此次带来的项目,采用的是金属燃料电池技术,类似氢燃料电池,工作原理是金属的氧化反应变成电能。技术原理说起来简单,但想变成一个商业化产品,技术门槛、产品创新性还是很强的,这也是他们的立身之本。

这款应急"电池",正极材料是特殊的膜结构,消耗的是氧气。这种正极材料技术在国内也属领先水平。"电池"的负极是燃料,这关系到整个发电量及发电效率,也是团队自主研发的技术。而且他们的核心配方和工艺,不止在实验室阶段,目前已全部实现量产。

还有一点比较特别。这款电源产品和氢燃料电池相似,产品并不能像锂电池那样随意组合,针对不同的使用方式和场景,每个系统都需要个性化的开发方案。在这点上,他们也形成了独特完整的设计开发体系,这也是团队的核心竞争力之一。

## 误打误撞选了一条最难的路

从专业角度说,电池种类非常多,我们日常能见到的不过寥寥几种。

最常接触的就是锂电,比如充电宝、电动汽车等都用锂电池;玩具里装的一次性电池,基本是碱性电池。而王乾团队研发的则是一种能自发电的燃料电池,也就是一台小型发电机。只不过这台发电机既不用手摇,也不燃烧柴油等燃料,对环境基本无污染。

在燃料电池领域深耕8年,王乾曾带领团队成功自主开发第三代空气电极并量产、第二代铝负极并量产,取得多项国家专利。现在,他把创业定位在备电系统和特种电源两大市场上。

这已不是他第一次创业。

2015~2016年,王乾所在实验室的研究方向是锌空气电池,并一直尝试在做产业化。当时他们的目标是做电动公交车、物流车等固定线路场景所需电池。项目持续进行了两年时间,期间付出了诸多努力,包括设计制造锌空气电池电芯、电堆,进行锌燃料批量制备、电极批量制备,搭建回收电解设备等,但最终项目还是终止了。

那一时期经历的种种,给了他很大触动,觉得创业过程虽辛苦,但也很有意义。

"科研更多是对原理性科学的探索,致力于分析、观察现象背后的本质,并用数学模型、基础原理去解释,探究的是背后规律;而创业是一种商业性行为,一个公司所提供的产品、服务等能否被社会中众多人群、团队接纳并采购,这才是形成一种商业形态的关键。"

首次创业折戟沉沙后,他开始反思、调研、做调整,2017年,再次开启创业之路。

公司自2017年成立,起先一直做技术类服务,累积营收近600万元;2021年,公司开始尝试转型,向产品出货、材料出货方向转变。

他们的产品虽然具备绿色环保、燃料消耗完可重复填充等优势,但也有自身问题,比如之前的产品形态过于定制化、由于产量低成本过高、产品自重过重携带不便、功率密度低、人工更换麻烦等。

但王乾说,科技都是不断迭代的,虽说误打误撞选了一条最难的路走,但只要认定环保的方向是对的,科研难题可以一步步攻克。

作为燃料电池领域的专家,他对能源使用有着自己的美好愿景:像汽油/柴油发电机一样能够消耗燃料持续发电,但同时不产生高温、噪音,不排放污染物;能够长期存放不损耗能量,需要时又可以即启即用;燃料属于人工可制造、可回收、可循环,天生带有闭环生态;燃料使用的是地球上储量丰富的资源,不会发生资源短缺,价格低廉;能源一定要安全可靠、绿色环保,不会有燃爆的风险,不能危及生命财产安全;等等。

现在他们研发的金属燃料电池就具有他认同的这些优点,"我们认为,可再生、绿色环保、安全可靠的能源必然是未来方向。"

## 从科研成果到成果转化,是一件很专业的事

不知是不是因为曾受过创业挫折,在我看来,王乾是非常成熟的创业者。

他说:"很多科研人员都会认为自己手上有'黑科技',自己做的事很酷,就以为具有创业前景,其实这是错的。创业本质是商业行为,是'买卖'。那就要求你既有卖的能力,也能找到'买'的人。"

目前,大多数的科技变现方式,还停留在技术服务和产品。在王乾看来,科学家们手头的"黑科技",是不是稳定可靠的技术,能否批量化生产,能不能应对更复杂的实际应用场景,甚至是科研成果转换成产品时价格是否合理,跟同类产品对标有没有竞争力,技术门槛高不高,可复制性可替代性怎样……这些都是创业者要实际面对的问题。

当然,科技创业也有很明显的优势。"现在政府对于科技企业支持非常大,国家非常鼓励科技创业,这些都是从科研创业的优势。但科学技术只占创业体系的一部分,还有更多实际问题需要考虑。做科研的人想创业,最好的方式是先把科研成果试着做几次转化,找到需要这项技术

或产品的客户,做成几笔生意,客户认可了、生意多了,就可以慢慢转变为创业。"

王乾认为,自己是个喜欢接受冒险、钟爱新奇事物的人,对接触新想法、开拓新领域、创造新事物感兴趣。如果让他一直做重复性工作,总感觉生活失去些兴奋劲。所以在实验室时,他就主动参与研发工作,特别是具有实际应用背景、产业化应用前景的方向。

这大概就是传说中的"创业体质"。

但在有创业热情和躬身入局之间,还隔着千山万水。

一开始他也天真地以为只要有技术,就一定能做出好产品,一定会收到市场订单,资本一定会大力扶持。但创业这几年,他发现周围很多项目,都死在"不够市场化"这个节点上。他也逐渐明白,创业是个不断遇到问题、解决问题的过程,有太多事不确定,而且公司随时会面临死亡。"所以,我现在并不会特别担心创业过程中的某一个问题,一般会更关注团队状态、项目进度、客户情况。"

王乾说,从科研成果到产品转化,是非常专业的工作。所以,他特别感谢中国科大创新创业学院的一系列帮助!

"最初一个偶然机会,我接触到刚刚成立的创新创业学院,朱东杰院长了解到项目后,立即亲自找我长聊了项目的情况并给予了很多指导,万分感谢!之后在创新创业学院陆续参与了众多活动,得到了许多无私的支持,也看到创新创业学院为中国科大师生营造了越来越好的创业氛围。中国科大有很多厉害的成果,但在成果转化的过程中,大家都缺乏经验,需要有专业的人来指导,创新创业学院就是中国科大的创业平台。"

也期待越来越多像王乾这样的科技创业新苗们,能在双创训练营的帮助下茁壮成长!

 项目价值

现代社会,我们日常都生活在电力覆盖的场景下,很少体会到离开

电网的生活。如果电力出现故障该怎么办？应急电源储备产品就是解决这个场景难题的。

现在,我们日常多用锂电池这种储能能源,它的安全性、日常使用过程中的寿命,决定了它还是一个围绕电网的储能设备。而且当它寿命终结时,还存在一定污染问题。

本项目开发的铝燃料电池,属于金属燃料电池,是一种更绿色环保的离网应急储备能源产品。金属燃料电池和锂电池等相比,有很卓越的优势。它的正极反应物是氧气,可取自空气;负极反应物是金属,包括锌、镁、铝。电池内部的反应机理本质上是金属氧化和氧气的还原。

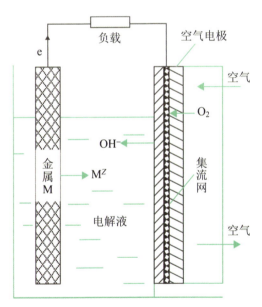

**金属燃料电池反应原理示意图**

本项目在能源储备领域有诸多优势。

（1）能量密度高。金属（铝、镁、锌）燃料能量密度高,铝的能量密度理论达8100瓦时每千克。可物理更换添加燃料,长时间不间断工作。

（2）储存时间长。电池不工作时,可长期(5~10年)存储,电池不衰减,能源可长期储备。

(3) 不依赖电网。电池不依赖于电网,可直接启动,后续不需要充电,更换燃料即可。

(4) 环境影响小。电池工作时,噪音小、温度低、无排放。

(5) 安全性能高。电池放电输出过程平稳,没有燃爆的风险,存储无安全风险问题。

(6) 环保性好。电池不含重金属、有毒化学物质等,对环境友好度高。

(7) 成本可控。燃料使用常见金属(锌、镁、铝),自然界中储量大;燃料可长期储存,储存运输过程无消耗、安全、方便。

项目团队核心技术人员在多年的研究积淀下,项目进一步开发出燃料(金属)电池核心部件空气电极、铝电极、电解液、清洗液等,并制定空气电极、铝电极全套制备工艺,其性能和工艺水平均处于国内一流水平。

项目从液流结构、模块化设计出发,以前期模拟仿真为参考,成功开发出电池单体、电池模组、电池系统等燃料电池结构模块,并集成EMS、整流模块、逆变模块、电源分配模块、数据平台等,形成全套产品系统。

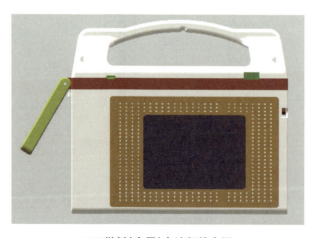

5 W燃料(金属)电池便携电源

100 W燃料(金属)电池发电机

燃料(金属)电池中,空气电极为氧气提供反应场所,需要保持固相、液相、气相交汇界面的稳定。因此,空气电极不仅需要具备强大的疏水性、耐腐蚀能力,本身还需要富含微小的通孔,具有一定的透气性。在不断变化的温度、湿度、冲刷、放电等因素考验下,空气电极要保持优异的性能水准和结构稳定性,这些决定了空气电极是燃料(金属)电池中技术要求最高的核心部件。

项目研发空气电极历时十多年,从化学反应机理、微观反应场所探究,到液体渗透过程、三相界面形貌模拟仿真,再加上针对基础材料进行了大量的反复实验摸索,积累了深厚的技术基础。经过多年的探索,项目成功发明了适用于燃料(金属)电池的功能性碳材料膜及其制备工艺,成功突破行业内一直以来的渗液和衰减难题,并以此为基础开发了第一代空气电极。

为更好提升空气电极的性能水准和工业化能力,项目对空气电极进行了多项升级优化和更新换代,其性能、寿命、强度等指标在国内处于领先水平。

## 访谈心声

**主持人**：你是流体力学专业博士，研究的却是电池。我很好奇，流体力学到底是研究什么的？

**王乾**：力学是一个工具类学科，它是一门学以致用的学科，理论研究更多。流体力学包括很多，因为空气是流体，水也是流体，流体力学其实就在研究流体的各种运动特性以及本身的一些性质。

**主持人**：你今天带来的项目是金属燃料电池，普通人其实对电池不太了解，我们只知道充电宝、聚能环干电池什么的，你能从专业领域，介绍一下电池分成哪些种类吗？

**王乾**：从专业来说，电池种类其实非常多，只是我们日常用的只有寥寥几种。就以日常用到的来说，接触最多的是锂电池，锂电池也有很多细分种类。我们日常见到最多的是一次性碱性电池。而和我们产品类似的氢氧电池、燃料电池，都是自发电电池，只要有燃料就可以发电，所以它们也是一种离网电池。

**主持人**：我的理解是——小型发电机？

**王乾**：对，你理解为发电机也行。发电机用油，我们用燃料。它同时具有电池的优点和发电机的优点，安全性比较高，因为是化学反应，储存寿命很长，日常情况下，它是不会有自己的损耗的，燃料可以储存十年以上没有任何衰减，可靠性也比较高。因为它是电池，没有噪音，而且是燃料型的，可以离网供电。从这些角度看，它非常符合带有应急备用能源所需要的特点，在这方面它是有优势的。

**主持人**：总之，你的项目是一个大型"充电宝"。在你看来，什么样的产品，才算得上是好的能源产品？

**王乾**：我们一直对于能源的使用有着美好的愿景：像汽油或柴油发电机一样能够消耗燃料持续发电，但同时不产生高温、噪音，不排放污染物；能够长期存放不损耗能量，需要时又可以即启即用；燃料属于人工可制造、可回收、可循环，天生带有闭环生态；燃料使用的是地球上储量丰富的资源，不会发生资源短缺，价格低廉；能源一定要安全可靠、绿色环保，不会有燃爆的风险，不能危及生命财产安全；等等。我们一直期望有这样的能源技术，在经过调研了解后，实验室的方向就选定了金属燃料电池。

**主持人**：你给"好"设置了那么多象限，然后按照这些标准，确定了金属燃料电池的科研方向，那么你这个铝燃料电池，应该是很完美的备用能源吧？

**王乾**：它虽然具有以上所有优点，但也有明显劣势，比如功率密度低、人工更换麻烦等，但我们认为可再生、绿色环保、安全可靠的能源必然是未来的方向，通过研究开发可以逐步解决技术问题，总体还是有不错的应用前景。在技术特点和以往经验基础上，我选定了应急、备用、离网发电的应用方向，以碱性铝空和中性镁空为主的技术路线，去解决离网活动以及突发停电等状况下的电力供给保障问题。

**主持人**：我们确实已经习惯生活在有电网的环境里，真的太久没停过电了。除了自然灾害等不可抗力外，这个产品平常的应用场景有哪些？

**王乾**：露营、野外探险、户外徒步、自驾、夜钓,甚至户外作业、科考等,都会用到应急储备电源。国内应急储备行业刚起步,其实国外应急产业发展较好的也是多灾地区,比如日本、马来西亚等,欧美一些国家的电网线路并没有中国覆盖那么全,他们的应急意识也要强一些。但目前国外用的大部分还是锂电产品,日本市场的金属燃料产品会多一些。

**主持人**：是不是可以说,国际同类产品,目前你们有一定先进性,现在有一定的竞争优势?

**王乾**：可以这么说。项目也是刚开始启动,目前的产品还不算非常成熟。后续我们想做备用电源这一市场,因为现在备用电源市场还是以铅蓄为主、锂电池为辅,保持不间断电源,我们也想做备用电源,要做时长更长、保障性更高的产品,但门槛比较高,我们把这个计划放在后续来做。

**主持人**：什么样的机缘,促使你开启了创业征程?

**王乾**：2015~2016年,实验室研究方向是锌空气电池并一直在做产业化,当时的目标是做电动公交车、物流车等固定线路场景所需的电池。项目持续进行了两年时间,期间包括我在内的实验室团队付出了诸多努力,设计制造了锌空气电池电芯、电堆,进行锌燃料批量制备、电极批量制备,搭建回收电解设备等。虽然项目逐渐终止,但在这期间所经历的种种,对我产生了一些触动,过程很辛苦但很有意义。在这之后,我逐渐反思、调研、调整,开启了创业之路。

**主持人**：创业给你带来了哪些改变?

**王乾**：其实刚开始的阶段,我所做的都称不上创业,只是一段学习和试探的过程。出发时,其实自己对创业都没概念,对于科研和技术、技术和产品、产品和商品、公司和商业、法律和财务等都不懂,只是怀着一点激情随性折腾。从2017年下半年,我才算是懵懵懂懂地走上创业道路。至今依然在创业路上奋力前行。创业对于我个人的改变还是很大的,同时让我有机会深入了解、参与到商业中,也认识了一批优秀的校友、朋友,无论以后发展如何,都必须承认创业是一次新生。

**主持人**:迄今为止,会有挫折感吗？会觉得还是待在实验室里更简单一点吗？

**王乾**:也不会有,确实觉得选了一个比较难的方向,因为我们电池行业的人也都承认,燃料电池,它的技术难度、门槛确实比锂电要高,它是一个非常复杂的系统,我们就误打误撞给自己挑了一个非常难的路。

**主持人**:你2017年就成立了公司,一开始做技术输出,现在做产品输出,为什么会做业务转型？

**王乾**:两方面原因促成的:第一,技术输出,别人提一个需求我们就给他做,当做成这个东西的时候,其实它的市场前景还是不确定的,而且主动权更多地把握在委托方手里,做了这个后续跟你的关系不一定很大,产生的效益也说不好。第二,从公司发展来说,只做技术很难成为一个完整的公司,任何一个健康公司,技术只能占到30%左右,更多的应该是其他方面的发展才能带动公司整体的发展。既然要做产业的话,就要有这样的认识,就要做这样的转变。

**主持人**:公司的未来产品线会主要集中在应急救援这块吗？

**王乾**:应急救援是我们的第一步,它更多面向2C端,直接面对用户,可获取市场信息;第二块,会持续开发一些大投入的备用电源,几个千瓦甚至十几个千瓦的,更多是面对B端的客户。当然,也只有核心场所才需要备用到这么大瓦数应急电源。

**主持人**:作为一个已创业5年的"老兵",你觉得做科研和创业有哪些区别和联系呢？

**王乾**:科研和创业有一定联系,但区别更多,两者本质上是两个概念。科研更多的是对于原理性科学的探索,致力于分析、观察现象的本质,并用数学模型、基础原理去解释,探究的是背后的规律。

创业是一种商业性行为,是指一个公司所提供的产品、服务等被社会中众多人群、团队等接纳并采购,由此所形成的一种商业形态。

创业的本质是形成买卖，科研是要追寻真理、本源，两者初心和目的截然不同，由此引发的思维和行为方式也不同。

很多科研人员都会认为自己手上有"黑科技"，或者自己做的事情很酷，就会以为具有创业的前景，其实这是非常错误的。创业本质上就是买卖，那就要求你有卖的能力、很多人有买的需求，大多数科技的变现方式是技术服务和产品。

首先，你的"黑科技"是否能够称为稳定可靠的技术，是否能够应对更复杂的实际应用场景。其次，你的"黑科技"有没有工业批量生产能力，能否大规模地生产交付且保证质量。最后，你的科技价值转换成价格时，价格是否合理，市场能否接受，跟同类或相近产品对标如何。这还要看市场的规模有多大，多少人需要你的科技，技术门槛、可复制性、可替代性如何等问题。

创业者说

作为一名中国科大学子，手头有解决重大问题的科研成果，当然也会有更好的创业基础。现阶段，国家和社会都鼓励科技创业，这也是时代赋予的科研创业的优势。作为新时代中国科大的青年创业者，我希望能尽到自己的微薄之力，用技术助力应急备用产业的发展，用绿色环保能源产品去回馈社会，用创业去回报中国科大和祖国。

## 专家点评

电池这个产品,一定要知道你的竞争对手是谁,你和对手的特点分别是什么。这个项目里的电池,优点就是能量密度高,可以自发电。根据这个特点,最好把细分市场选择好,尤其是起步的时候一定要选择特征鲜明的细分领域。

这个燃料电池的燃料消耗完之后,可以不断地填充燃料。你的商业模式可以既卖组件,又卖整机。你们的研发能力有壁垒,可以考虑做模块化的内芯,组合成不同产品,这个不需要从头开始开发,可以直接工程化组合就可以了。然后可以允许别人贴牌,这种模式的发展速度最快,可以尽早实现规模效应。不过这样的模式对你的核心能力要求更高,必须清晰认识到自身的核心能力,发挥好这个能力,更要保护好这个能力。

这个产品非常符合当前碳达峰、碳中和的国家战略需要,国内很多行业都存在碳减排的迫切需求,但是目前的成本还是偏高,需要尽快降低项目产品的成本。同时还要有国际视野,国外有些国家应急产业发展得比较好,尤其是一些多灾国家和地区,像日本、马来西亚;另外欧美电网线路没有中国覆盖那么全,因此他们有较强的应急需求。这些国家目前用的大部分还是锂电产品,日本的金属燃料产品会多一些,该项目在这些市场也会有很好的市场前景。

给计划创业的学弟学妹的建议：
要学习财务管理和人事管理；
要重视沟通能力的提高。

——唐明(韶远科技(上海)有限公司总裁,中国科大创新创业导师)

# 污水资源化：
# 高盐废水"膜"法资源化独家方案提供商

近年来，随着水资源的日益短缺，废水回收利用逐渐得到重视。其中，工业高盐废水便是一个世界级的难题。在我国，每年产生的高盐废水超过3亿立方米，由此产生的混盐危废超过千万吨，给生态环境带来了巨大压力。在当前环境保护的急迫需求及政策支持下，实现高盐废水"零排放"已经成为污水治理领域及相关行业实现可持续发展亟待解决的技术难题。

该项目团队开发的一系列膜器件产品，不仅实现了高盐废水的零排放，还对产生的危废混盐进行了高效分离及资源化，直接产生纯度极高的酸、碱，可作为生产原料再利用，形成资源高效利用的闭环，在解决水污染问题的同时，也为相关企业节省了巨额的水处理费用及生产原料的购买费用。

基于对行业长期的技术积累，项目团队建成了国内"首台套"双极膜工业化生产线、国内首条单价膜中试生产线，是当前国内唯一可以做到此类产品批量化生产的团队。

## 核心团队

陈 乾

先进技术研究院硕士生

葛紫娟  赵频慧

章 彬  周一璇

 创客故事

## 化腐朽为神奇,污水资源化的"膜"法

巫师、密室、咒语、魔法……在J. K.罗琳笔下,霍格沃茨魔法学院充满了魔幻主义色彩,"哈利·波特"系列魔幻小说因此让世界无数人着迷。格兰芬多、赫奇帕奇、拉文克劳和斯莱特林,每个魔法学院都充满了惊奇,而拥有一件像哈利·波特那样的魔法棒、斗篷,甚至隐形衣,是每一个"哈迷"心中天真的梦想。

漫威系列电影,如《美国队长》《复仇者联盟》,同样充满了科幻和想象,时空穿越、星球大战、量子世界……与《哈利·波特》不同的是,漫威系

列电影中的高科技以及对未来的想象，似乎并非只存在于想象空间，也许就在不远的将来，电影中的世界就会呈现在地球人面前，犹如一百年前谁也没有想到今天的网络隔空对话、载人飞船航天。

黑格尔说"存在即合理"，笛卡尔说"我思故我在"。在世界不断变化的今天，无论是霍格沃茨的魔法，还是漫威电影的想象，其实都是立足当下对未来的一种思索。而勇于探索、敢于追寻，才是推动人类不断进步的唯一也是正确的路径。

水是地球最宝贵的资源，面对工业高盐废水处理的世界级难题，中国科学技术大学功能膜研究室研究生陈乾在导师的带领下，在不断探索中化腐朽为神奇，终于找到了属于他们的污水资源化的"膜"法。

## 让他高度自信的"膜"法到底是什么

"'膜'法已施，零排将至"，这是陈乾带到首届全球科大人创新创业大赛上的项目主标题。他还特别在主标题下面加上了一行小字：膜法师——高盐废水"膜"法资源化独家方案提供商。所谓言为心声，一行小字，在通俗之中透露出一份幽默，于直白之中流露出一份自信。

不是幽默，谁敢公开宣称自己是"膜法师"？

没有自信，谁敢公开标榜是独家方案提供商？

陈乾的幽默与自信，一方面源于个人的积累与沉淀，同时也源于"红专并进、理实交融"的中国科大气质。

不妨来看看让陈乾高度自信的"膜"法到底是什么？究竟从何而来？

近年来，随着水资源的日益短缺，废水的回收利用越来越受到重视。其中，工业高盐废水处理便是一个世界级的难题。在中国，每年产生的高盐废水超过3亿立方米，由此产生的混盐危废超过千万吨，给生态环境带来了巨大压力。

绿水青山就是金山银山。在当前生态环境保护的急迫需求及政策支持下,实现高盐废水的"零排放"已经成为污水治理领域及相关行业实行可持续发展亟待解决的技术问题。

当前产生高盐废水的行业众多,基本覆盖了工业生产的各行各业,比如煤化工、石化、制药等,我们的日常生活也会产生高盐废水。高盐水体会导致土壤生态瓦解,而水里面很多无机盐也具有很高的回收价值。

一手要"治"——污水处理,一手要"收"——价值回收,处理高盐废水,要"两手抓",两手都要硬。尽管有政策支持,尽管是个看得见的庞大产业,其中有很多商机,但从技术上突破并不是件轻松的事情。

如果你上网搜"高盐废水处理方法",会弹出很多资料,其中,浓缩蒸发结晶、膜处理是最常见的,而且即便是膜处理也会有很多技术细分。

在陈乾看来，当前的最佳解决方法或者说最佳解决工艺还存在很多问题。以浓缩蒸发结晶为例，先通过压力膜对废水进行浓缩，浓缩蒸发结晶这一过程中，要在高压状态下对高盐废水进行浓缩，这就要对设备施加高压，不仅危险性大，而且对设备要求高，能承受高压。同时，在浓缩过程中，浓缩的浓度很低，会导致浓缩液的量特别大，要蒸发的能耗特别高，需要多台设备同时协作。此外，设备投资大，成本也高。关键是，这种方法还有一个重大弊端：就是无法对混盐进行分离，而造成高盐污染的正是混盐。

看到了其他方法的弊端，陈乾既要规避，还要找到新的"出路"。最终，他们团队开发出了一系列膜器件产品，也就是将各种膜进行高度集成，形成一个产品，不仅实现了高盐废水的零排放，还对产生的危废混盐进行了高效分离及资源化，直接产生的纯度极高的酸、碱可作为生产资料再使用，形成了资源高效利用的闭环。

在解决水污染问题的同时，还为相关企业节省了巨额的水处理费用及生产原料的购买费用，可谓是一举多得。"尤其在当前污染防治攻坚战、'双碳'目标的新时代背景下，我们团队开发的产品能够解决当前行业亟须解决的痛点问题，它既有经济价值，更有社会价值，我认为这才是最有意义的，最值得我去付出的。"陈乾说。

## "膜法师"的名头原来是这样产生的

意义，是人对自然或社会事物的认识，是人赋予对象事物的含义，是人类以符号形式传递和交流的精神内容。每个人的认知不同，对"意义"的理解自然千差万别。不同年龄段、不同学历、不同经历的人，都会对"意义"有不同的认知。

在陈乾的认知中，"创业就是做项目，如果项目对社会没有什么实际的作用，我就觉得没有意义。从我的理解来说，比如做一个游戏纯粹为了卖钱,我就觉得意义不大。"

毫无疑问,陈乾认为自己正在从事一项很有意义的事。因为基于对行业长期的技术积累,陈乾团队建成了国内"首台套"双极膜工业化生产线、国内首条单价膜中试生产线,是国内唯一可以做到此类产品批量化生产的团队。关于中国科大研究团队在低成本高性能双极膜开发及产业化方面取得突破进展的相关论文已经发表在《自然·通讯》期刊,受到了业内的高度关注。

为了在比赛中让大家看得更直观,陈乾特别做了一个视频:高盐废水经过设备以后,先进行盐和水的分离,再对混盐进行高质量分离,混盐里含有各种离子,通过设备对混盐的离子进行选择性分离,分离出来之后,混盐会存在单价离子,再通过这个膜可以直接将离子生成酸和碱,并流回工厂回收利用,形成闭环,就可以完成高盐废水零排放和资源化的解决方案。

视频不长,设备看起来并不复杂,讲解起来也很轻松,但这背后却是陈乾团队智慧的结晶和辛勤的汗水,因为分离技术是壁垒,其中最关键的就是"膜"的研发及使用。"这样一台设备,技术关键点首先在于膜结构。这个膜结构是我们团队独创的,膜片生产也是在国内做得比较好的,某些膜材料只有我们能做,通过这样一台设备,我们可以将浓缩极限提高20%,能耗降低10元每吨,我们要求更低、更安全。"

结构是理念化的,只有落地生产才算成行,否则一切只是纸上谈兵。让陈乾团队最引以为傲的,就是膜片的生产。当前,团队已经建成国内"首台套"双极膜工业化生产线,这条生产线是国内首例,而这个技术国内目前只有他们团队可以做到,之前都是被国外垄断的。陈乾团队做出的四大系列、20余种产品,填补了国内的空白,产品品质不低于国际水平,工艺上还更绿色环保,材料成本更低。

从制膜开始到膜组件的组装,最后对相关环境企业供应链产品的供给,形成一套完整的设备产业链,都是"自主产权",而且是国内唯一。难怪陈乾会给自己冠以"膜法师"的名头,敢如此高调声称自己是高盐废水

"膜"法资源化独家方案提供商。

底气从何而来？毫无疑问，就在这里！

## "技术男"即将成为企业"掌门人"

陈乾的话不多，如果你和他对谈，可能你问了三句，他只说上一句，而且还比较简短。从某个层面来解释，这或许是强执行力的一种表现——不啰唆。

按照陈乾的计划，他们团队准备在2021年底注册公司，正式从科研走上市场。之前技术膜的生产成本性能不高，在高盐废水这个行业没有可应用的前景，而陈乾团队的产品性能好、成本低，已经纳入高盐废水处理可行性的方案领域。与此同时，他们已经建立了高盐废水资源化示范点。

陈乾特别算了"一笔账"："通过我们这套设备，高盐废水进入之后，就可以分别在酸室和碱室得到纯度很高的硫酸和氢氧化钠，它们可以被回收进行生产和应用。总体算下来，这样一套设备省掉了电厂昂贵的废盐处理费用，同时产生了酸和碱，酸和碱换算成人民币的话，相当于每吨

废盐可产出高达2000元的酸和碱。"

纳入方案领域、建立示范点,包括测算的账目,这些无疑都给陈乾的创业之路提供了场景、资源,甚至资金支撑。

原本只是个"技术男",如今却要成为企业的"掌门人",这个转变对陈乾来说,既是机遇也是挑战。陈乾坦言,他比较能吃苦,愿意花时间,该项目相关技术人员均来自中国科学技术大学功能膜研究室,团队进行学术研究、技术研发也都不是大的障碍,但是组建公司,进行企业化运营需要各方面的人才。如何搭建好团队,怎么把众人拧成一股绳、步调一致地往前走,真真正正地把这个项目做好,已经成为陈乾当前最为关心、最需要考虑的问题。

"我们希望通过搭建系统化技术平台吸引更多的目光关注污水废水处理行业,最终目标是废水经过我们研发的膜组件能够达到零排放的标准。'膜'法已施,零排将至。"说这话时,陈乾眼中充满了自信,还有期待。

 项目价值

近年来,随着水资源的日益短缺,废水尤其是高盐废水的回收利用日益受到重视。针对高盐废水处理的问题,目前国内外最常用的处理方法有物理法、化学法、生物法以及膜法。物理法中最常用的是蒸发法,通过蒸发的方式让废水中的无机盐结晶出来,但存在设备投资大、运行能耗高的缺点。化学还原-沉淀法要消耗大量的化学试剂,废水中可回收的有效成分也消耗殆尽,且会产生大量沉淀带来二次污染;离子交换分离法虽然能很好地处理高盐废水,但树脂再生会带来资源浪费和二次污染问题。生物法是目前高盐废水治理最主要的方法,主要是利用活性污泥的生物凝聚、吸附和氧化作用,分解去除污水中的有机污染物。但是由于高盐废水的环境渗透压较高,会破坏污泥中微生物的细胞膜和菌体内的酶,从而破坏微生物的生理活性,此方法处理高盐废水存在效率低、周期长、处理费用较高等不足。

项目团队自主设计了一个完整的由阴离子交换膜(AEM)、阳离子交

换膜(CEM)、单价选择性阴离子交换膜(MSAEM)及双极膜(BPM)构成的电渗析体系,能够完全解决上述问题。

离子交换膜因其对离子的选择透过性,可以进行离子的分离分级,将在清洁生产、环境保护、能量转化和组成等方面发挥重要作用,特别适合现代工业对节能、低品位原材料再利用和消除环境污染的需要,成为实现经济可持续发展战略的重要组成部分。双极膜细分市场在整个膜市场应用领域专一,且具有难以替代性,在目前受到广泛关注的零排放和资源回收领域具有极大优势。

存在电场的情况下,BPM中的水将会被水解,产生大量的$H^+$和$OH^-$离子,在电场作用下分别迁移进入酸室和碱室。在盐室中,氯离子和硫酸根离子在电场的驱动下向阳极方向迁移,然后通过阴离子交换膜迁移。由于MSAEM膜的存在,氯离子可以进一步穿过该膜进入酸一室并与双极膜产生的质子结合。同时,钠离子将通过CEM传输到碱室,并与双极膜产生的氢氧根离子结合。因此,混合盐可以在酸一室中转化为相对高纯度的一元酸,在酸二室中转化为二元酸。同时电场作用下迁移到碱室中的$Na^+$与$OH^-$结合生成得到NaOH,至此便能完成由工业危废转换为可利用资源的整个过程。

在电流电场的作用下,双极膜水解离生成氢离子和氯氧根离子,其主要特点如下:① 能耗低。双极膜水解离的理论电势和能耗分别为0.828伏和79.9千焦每摩尔,远远低于电解水的2.057伏和198.5千焦每摩尔。② 效率高。一对电极可组装几百对膜,设备紧凑,便于与其他化工过程集成。③ 过程无氧化和还原反应发生,无副反应产物生成,没有污染。④ 设备占地面积小、易组装易操作。

根据不同行业产生的高盐废水的不同离子特点,还可以根据其离子成分特点,通过改变离子交换膜的组装位置、调整离子交换膜的交换特性、使用特种性能的离子交换膜等方法,来实现对具体问题的个性化电渗析设备的制造,以达到对不同行业废水的高效处理。

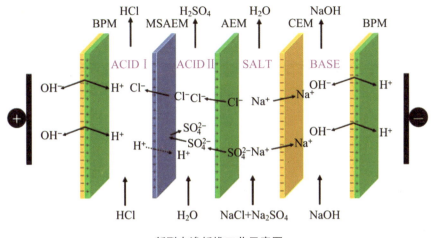

新型电渗析堆工艺示意图

首先,这样的体系实现了废水的零排放,处理后的水体满足工业再利用的标准;其次,解决了当前高盐废水处理过程中产生危废混盐的痛点问题;第三,不仅对危废混盐进行了处理,还将危废混盐资源化,产生了工业使用标准纯度的酸碱,无需额外购置此类原材料,降低生产成本的同时,也减少了企业对于危废物质处理所花费的大量资金,形成一个完美的闭环。

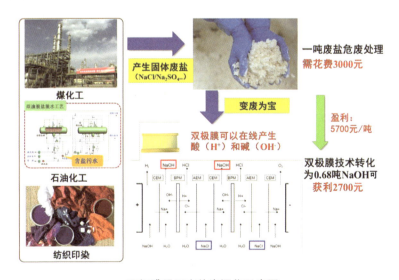

双极膜用于废盐资源化示意图

## 访谈心声

**主持人**：为什么会选择创业？简单介绍一下你的项目吧。

**陈乾**：我认为创业是实现一个人人生价值的方式之一，为自己的梦想而努力，在实现自己人生价值的同时，也能将自己对社会的贡献最大化。我们的项目主要是针对水污染问题的，当前业内面对高盐废水这类水污染问题尚无很好的解决办法，我们的产品可以解决此类问题。

**主持人**：你应该是个科研型的人，现在创业感觉如何？

**陈乾**：做技术只是给一个方向，通过自己的研究把它攻坚克难做出来。做项目则是真正把技术运用到实际中，产生真正的社会效益，可能这个意义会更大一些，所以我就比较感兴趣。

**主持人**：在技术方面，你自己最大的专长是什么？

**陈乾**：我应该就是比较能吃苦吧，可能对某个问题，单纯做技术来说，我会花时间打磨细节。

**主持人**：你现在创业、带团队，又要统筹安排一大堆事，在创业过程中,对你来说最难的是什么?

**陈乾**:我现在最大的感受是团队组建是个难题,因为从我们自身来说,都是搞研究、搞技术的人,而组建团队需要各方面的人才,例如运营、管理、经济等。而怎么把这个团队搭建起来,把大家拧成一股绳,大家协调起来同一步调地往前走,真真正正地把这个项目做好,这是我要认真思考的。

**主持人**:你的项目名称叫"'膜'法已施,零排将至",我就在想,针对所有种类的化工污染都可以解决吗?

**陈乾**:不是,高盐废水政策里面有个概念"零排放",我们专门攻克这点,零排将至是想表达这层意思,"膜"法是指我们的技术,两者联系组合就成了我们的口号。

**主持人**:这些要求零排放的口号喊了很长时间,为什么没有其他研究机构做出类似的膜,还是说只有你做得最好?

**陈乾**:目前来说我们是唯一做这个膜的,比如我们的双极膜,国内没有一个团队可以实现产业化,而我们已经建成了一条生产线。

**主持人**:你们研发的膜在国际上处于什么样的水平?

**陈乾**:处于领先水平。当前市场上做得最好的企业是日本和德国的,我们的产品和他们的不相上下,经过测试,我们刚做出来的一款膜跟日本的膜性能是差不多的。

创业者说

科学技术的强大是国家强大的基础之一,一切的发展和进步都离不开科学技术的发展,而科学技术的发展又是促进一切发展进步的源头。又正是因为国家发展进步所创造的安全稳定的社会环境,我们青年人才能在这片土地上成长起来,所以我们青年人应时刻牢记祖国所给予我们的东西,并不断地学习成长,以促进国家的进一步发展。做到科技强国,青春报国有我。

 **专家点评**

首先,建议尽快扩展市场,不要过分聚焦于某一个特定的细分市场,污水处理是一个前景广阔的行业。但同样的技术仍可应用在更有成长性、商业价值更高的领域。举个例子,目前锂电池回收行业对不同元素回收和再利用的需求很大,我看过一个项目就是把回收的锂电池压碎,再通过膜把里面不同类型的元素,如锂离子、铜、铝、石墨等分离出来,其市场前景备受看好。科技创业首先要去寻找你的技术可以降维打击的市场,而不要想当然地固定在某些既有细分领域中。很多技术研发最初都是从某一行业的需求起步的,而这个行业可能反而成了束缚你市场认知的壁垒,其实存在着很多你根本没想到的、商业价值更高的细分市场。

其次,这个项目的利润率较高,但需要资金和市场资源,这次路演的目的是融资。既然你的技术领先、利润率较高,就可以考虑与那些做膜的上市公司合作,从他们那里获得资金和市场资源,这样可以帮你节省大量时间,让你专注于技术领域并取得更多突破。

第三,关于你们的竞争对手。尽管看起来你们在国内几乎没有竞争对手,国际上的对手主要在日本和德国。但这个优势其实只是技术上的,而技术优势的持续保持是有难度的,即使能够保持成本也很高。还是要利用先发优势尽快构建更多其他优势,比如良好的性价比、快速的服务和更完善的工程服务能力。

要具备国际化、数字化、资本化思维,才能在创新创业道路上走得更远。

——张陆洋(复旦大学中国风险投资研究中心主任,中国科大创新创业导师)

# 小乐色智能垃圾桶

**LeSe® 小樂色**
智能环保科技

垃圾分类过程中离用户最近的一环是垃圾桶。垃圾分类也使得用户对垃圾桶的功能产生了新需求。小乐色垃圾桶是一款可移动的垃圾桶,用户在房间任意位置,想扔垃圾时,只要喊"小乐色过来",就可以让垃圾桶过来,无需走动就能扔垃圾。要实现这一功能,项目运用了两大核心技术:第一是自动导航技术,自动规划一条避开所有障碍物、直达用户的路径;第二是声源定位技术,小乐色垃圾桶根据用户的声音对用户进行定位。

公司已研发出三代样机:第一代仅能实现基本导航功能;第二代降低成本;目前是第三代,在产品外观上有很大改善。

刘佳生

中国科学院合肥物质科学研究院硕士

孙　建　　　　　　王振东　　　　　　张　焱

## 小乐色智能垃圾桶：弱人工智能普惠万家

刘佳生太有意思了。

首先,他带来的"小乐色智能垃圾桶"项目,是2021中国科大双创训练营"新苗计划"中我第一个秒懂的项目,因为很接地气。

其次,他在辅导会当天,洋洋洒洒地介绍完项目后,直接向辅导老师们甩出三个问题,都是他自己创业阶段的困惑,希望各位老师能解答一下。

再次,当天项目辅导环节,不知不觉就变成了"师生Battle"环节,老师说"这个细节我觉得不太行",他说"我觉得不一定";老师说"这个技术运用在某个领域可能市场效果更好",他答"再说吧"。有趣。

最后到专访环节,我让他把"小乐色"拿进采访室,让大家见识一下。他慌慌张张地跑回会场,抱着大宝贝回来,我说"你放下来让它走两步啊",没承想,一放到地毯上,卡住了……于是关于垃圾桶转轮正跑反跑问题,他又强行解释了三分钟。

他让我想起小时看的一部漫画《阿拉蕾》:企鹅村里有一位天才博士则卷千兵卫,整天奇思妙想,制造出一堆奇奇怪怪的机器人,其中就包括阿拉蕾。

我满怀期待地问刘佳生:"你看过这部漫画吗?"

"啊……"面对"年长者"的提问,他的情商突然飞升,"可能要看到画面才能判断是否看过。"

哈哈……

## 创业者需要一些英雄主义

为什么觉得刘佳生像千兵卫呢?因为他也是一个"机器人高手"。

刘佳生本科就读于西南科技大学,曾获第十三届全国大学生机器人大赛Robocon一等奖、第十四届全国大学生机器人大赛Robocon二等奖、第十五届"挑战杯"全国大学生课外学术科技作品竞赛三等奖、第八届"认证杯"数学建模二等奖、第二届"中国创翼"创新创业大赛金翼奖……

Robocon是国内一流的大学生机器人大赛,每年都不乏国内名校团队参赛。刘佳生参赛那年,全国共108支高校队伍参加,他的团队30多人共准备了六七个月,才拿下这场艰苦的赛事,其中的艰辛不为外人道也。

曾有一位名校出身的博主解释为什么要努力挤名校,"因为名校里卷得更厉害,个体战斗力越挫越勇,自律和努力也成了一种习惯"。李可染先生也说过类似的话,"学习必须是强制性的,约束自己,不可放任。约束久了,掌握了规律,到老年才能'随心所欲不逾矩'"。

这也是中国科大学子给我的触动:勤勉、努力、谦逊,充满探索精神,红专并进,理实交融。

2017年刘佳生考入中国科学院合肥物质科学研究院读硕士,来到合肥。在校期间受"垃圾分类"政策的影响,对相关行业进行研究,创办了新昌小乐色智能科技有限公司。

"垃圾分类"这几年是全民关注的话题。在刘佳生看来,作为垃圾分类过程中离用户最近的一环,垃圾桶一定会升级,因为用户对垃圾桶的功能性产生了新需求。由于分类垃圾桶体积大、质量大,即使在室内,大家仍以普通垃圾桶为主,但谁也不愿在身边放好几只。垃圾分类可能就因为投放不便,所以推广困难。于是他们做了一款可移动垃圾桶,便于人们在房间任意位置想扔垃圾时,只要喊一声"小乐色过来",就可以让垃圾桶自动移过来,投掷后,小乐色再回到原来定位的角落。

要实现以上功能,必须采用两大核心技术:第一是自动导航技术,自动规划场所路径,一路避开所有障碍物;二是声源定位技术,小乐色可以根据用户声音来对用户进行定位。

公司成立一年多来,已经研发了三代样机。第一代仅能实现基本导航功能;第二代降低成本;第三代主力改善产品外观。该项目不仅让他得到了中国科大的"双创基金"支持,还拿到了安徽省"互联网+"大学生创新创业大赛金奖,目前正在申请专利。

这么好的技术,应用于"垃圾桶"这个民生项目上,是否有些大材小用?而且垃圾桶满屋跑,符合中国人的使用习惯吗?辅导会现场,老师们纷纷提出自己的疑问。同样的技术,是否可以应用于更刚需的项目上,比如为老年人打造的电子移动轮椅?

对于老师们的建议,刘佳生表达了感谢。

至于为什么会选择这个"不起眼"的项目创业,他的问答是:"之所以想创业,第一点,当然是想获得一种安全感,能够认同自身实力的安全感:我希望遇到绝大多数事情都能够自己解决,只有身经百战,才能百战不殆。第二点,我想做一些如果我不去做,就永远不会有别人去做的事。记得本科时,宿舍楼门前道路中间的井盖坏了,我便通知学校后勤来处理。但没过几天又坏了,这次我想看看还有没有别人去主动处理这件事,然而好几天过去了也没动静。那时我就意识到,有些事情如果我不去做,就永远不会有人去做。我想通过小乐色垃圾桶,为垃圾分类提供便利。一方面解决分类垃圾桶数量多、占地面积大的问题;另一方面解决垃圾桶离用户距离远的问题,努力实现'垃圾在产生时,就立刻被分类放进垃圾桶'的目标。"

我从他的回答中,虽然看出些稚气未脱,但更看到了一个年轻人的英雄主义。创业是需要一些英雄主义的,相信自己的相信,立志为实现某个目标,百战不殆。

## 应用创新,也是很重要的创新

和其他参赛选手"高精尖"的项目相比,刘佳生的项目还挺接地气。我很想知道,他是如何理解"科技创业"的?

他说,南京大学有位老师,一直比较推崇弱人工智能的应用创新,因为但凡简单重复的工作都能够用人工智能来替换的话,人工智能就可以应用到工业与生活的方方面面,为千家万户带来实惠。同样,刘佳生也希望自己的项目能为居民的垃圾分类真正提供便利。

关于"科技创业",他认为要有技术含量,但更重要的是要有创新精神。这个"创新",既体现在技术上,也体现在应用上。

目前移动机器人技术主要有四大应用场景:扫地机器人、送餐机器人、AGV仓储机器人及自动驾驶。技术的核心部分都涉及定位与导航。小乐色智能垃圾桶与它们同属移动机器人,只是开辟了一个全新的应用场景。

小乐色智能垃圾桶项目,目前已加入鸿蒙生态产品合作计划。团队将根据鸿蒙提出的一系列产品规则要求进行调试,预计用时三到五个月,垃圾桶就可以进入鸿蒙生态,届时就可以在鸿蒙手机上对接遥控了。

刘佳生计划做垃圾桶系列,因为他们的垃圾桶一台定价为2000元左右,相比普通十几元钱、几十元钱的垃圾桶而言,价格差距太大,所以要打造自己的系列产品。

他并不觉得自己异想天开,因为他对垃圾桶行业做了大量调研。

现某宝上的智能垃圾桶并不少见,某单价高达499元的智能垃圾桶,月销量达一万多,核心竞争力在于智能打包、自动套袋。而小乐色完全是错位竞争。刘佳生预估的理想情况是,小乐色未来也能月销一万台,在整个垃圾桶市场占比2%,预计在2025年可以达到3000万元的销售额。

他们还通过一对一访谈形式,对智能家居市场进行调研,明确了自己的产品定位和目标用户。刘佳生认为,第一类是追求新鲜体验的中青年人群,因为这款产品以前没有,其新技术和新服务能够提供全新的体验;第二类是有垃圾分类需求的办公室;第三类是比较重视用户体验的公共场所,比如智慧园区、酒店、网吧等。

甚至关于销售渠道,他也做了详细推演。"我们有个同学是年销售额超1500万元的电商从业者,我们会把产品通过他的渠道,以在天猫和京东上众筹的方式进行初步展开。另外一方面,我们会通过网红测评的方式来提升产品知名度。根据我们的调研结果,大疆起初也是在脸书上通过网红测评来打开销路的。还有,近几年'短视频+新零售'的方式也非常热门,我们也会去尝试。"

他的创业之路,会像自己推演的那样,步步为营,攻城略地,一片坦途吗?

我问他,是哪一刻触动他想创业的?

"2020年的疫情。疫情给了我很长的空窗期,这段时间没有像平时一样忙于科研,就花了很长时间来思考,到底想要追求怎样的人生。创业对我来说意味着掌控自己的人生。创业之前是乘车,创业之后是开车,尽管千万条道路是固定的,但往哪儿走由我说了算。

"创业之前我是完美主义者,做一件事会把它往最好的方向去做,但是创业后我会先按照最容易的方向去做,等做好了有时间再完善,以确保能在规定时间内完成任务。创业后我更加果断了,有时会遇到突发事件,我会很快做出最有利的决策,感觉就像个机器人在按照固定的套路做决策一样。而且也更加敢于面对困难了。以前遇到一些问题会不知所措,现在能够理性分析事情发展的可能走向,制定决策,并为可能出现的最坏情况做出预案。"

作为一名曾经的创业者,他的这段话打动了我。

有人说,创业项目95%都是失败的;有人说,能坚持3年的创业公司都叫长寿公司。但我认为,无论创业的结果如何,创业的过程,对任何人来说都是非常珍贵的人生经验,是一个从更多维度了解自我的过程。这,大概也是创业的意义之一吧。

## 创业肯定有瓶颈,但我选择相信自己

小乐色智能垃圾桶项目有两位顾问老师:吴华鹏教授,是芬兰第一位华人教授;宋云涛研究员,曾获得国家科技进步一等奖。两位顾问老师在机器人技术领域都有相当长时间的耕耘。

创业团队目前有4名技术成员、2名销售成员。而这样一支队伍,也是经过震荡后的重组……

刘佳生创业以来遇到过的最大挑战就是团队问题。其实成立之初团队共有4人,后来3位相继离开,只剩他一人苦苦坚守,"那时心里真是拔凉拔凉的"。他咬牙坚持,才又发展到现在的7人团队。

在他看来,创业伙伴最重要有三点:能胜任工作、可靠、忠诚度高。"能胜任工作,主要看项目缺哪方面的人才,然后有针对性地吸纳人才;可靠,就是不能出卖团队的利益;忠诚度高,就是对方的职业规划和团队的发展愿景一致。欠缺了任何一点都不行,团队要有共同的目标,不能推卸责任,要有担当。"

和所有的创业者一样,担心团队、担心资金、担心产品没市场……虽然创业掣肘那么多,但在他看来,都不是放弃的理由。

"创业路上,困难是与创业者相伴而行的,即使选择做其他项目,也会在不同道路上遇到同样'跨不过去'的坎。如果每个创业者都遇到困难就退缩,那就不会有遇到美国封锁仍不低头的华为,同样也不会有在国产CPU上死磕二十多年的龙芯了。就像毛主席说的,'我们就是为着解决困难、解决问题而工作、而斗争的',换句话说,'有困难我才搞它,没困难我还不想理它呢。'试想,以这种心态去面对工作与生活,人生将是何等风采?"

况且,在创业过程中,老师和学校都提供了很多帮助。在校时吴华鹏教授就是他的导师,2020年初,他还去吴老师在芬兰的实验室学习了三个月,由吴老师指导完成毕业论文的撰写。吴老师在机器人领域耕耘几十年,有相当丰富的经验,在技术方面给了很多建议。而中国科大创新创业学院,不仅为他提供了11万元的创新创业基金,还提供了一对一的专家辅导、创客中心场地支持、资本对接会、项目展览平台、最新创业比赛消息……

刘佳生说,所有困难都有解决方法,可以自己思考,可以参考别家案例……但方法具体好不好用,只有在遇到问题时才能知道。

真喜欢他这股初生牛犊不怕虎的精神,充满朝气蓬勃的生命力。也期待他能真正成长为给更多老百姓提供普惠科技产品的优秀创业者。

 项目价值

从2019年6月开始,全国各地市政府陆续出台了一系列垃圾分类政策,"垃圾分类"关键词在这两年来也多次冲上热搜。作为垃圾分类所有环节中离用户最近的一环,垃圾桶受到了极大的关注,淘宝数据显示,近两年来智能垃圾桶的销量大涨。同时,垃圾分类也导致用户对垃圾桶产生了新的需求。

在室内,普通垃圾桶体积小、质量轻,而分类垃圾桶不仅体积大、质量也大,因而即使是垃圾分类政策施行后,室内仍然以普通垃圾桶为主,少数使用分类垃圾桶的用户,也会减少放置数量,导致人们扔垃圾需要

走很远的路程。该项目开发了一款可移动的垃圾桶,想扔垃圾时,就把垃圾桶喊过来。

比如,在一个300平方米的办公室里,只要在角落放置一套小乐色垃圾桶,用户无需走动,原地喊话,垃圾桶就能自动过来,不仅实现了垃圾桶对全房间的覆盖,还能通过语音随叫随到。

要实现以上功能,项目团队运用了两大核心技术:一是通过激光雷达以及SLAM建图等方式,实现自动导航;二是声源定位技术,通过声音抵达麦克风阵列的时间差来计算声源位置。

激光雷达、SLAM建图、避障、路径规划

截至目前,该项目已申请到中国科大11万元创新创业基金,申获了1项软件著作权、2项商标,并且正在申请10项专利以及余下的11项商标。

 访谈心声

**主持人**：今天你在路演现场，等于做了一个小乐色的调研。感觉大家对你的项目还是有一些疑问的，此刻内心感受如何？

**刘佳生**：我一路都是被反驳过来的，这些质疑可以承受。每位老师都有自己的看法，对于这个项目，有人说好，也有人说不足的地方，都需要辩证地看待。

**主持人**：创业者确实需要很强大的心力，因为创业就是在创造一个大家不熟悉的新东西。和其他参赛选手"高精尖"项目不太一样，你这个项目还挺接地气，你是如何理解"科技创业"的？

**刘佳生**：南京大学有个老师一直比较推崇弱人工智能的应用创新，他认为但凡是简单重复的工作都能够用人工智能替换，因此人工智能可以应用到工业与生活的方方面面，为家家户户带来实惠。同样，我也希望我的项目能够为居民的垃圾分类提供便利。

对于"科技创业"的理解，我认为是有技术含量的，但更重要的是有创新的创业，无论是技术创新还是应用创新。

主持人：你认为自己的项目在专业领域有什么优势呢？

刘佳生：移动机器人技术有四大主要应用场景：扫地机器人、送餐机器人、AGV仓储机器人以及自动驾驶，技术核心部分都涉及定位与导航。小乐色智能垃圾桶与它们同属于移动机器人，优势谈不上，只能说是应用场景不同。

主持人：是什么样的机缘，让你们团队选择芬兰第一位华人教授作为项目顾问？他在这个项目中给你们提供了哪些帮助？

刘佳生：在校时，吴华鹏教授是我的导师，实验室每周五下午两点都会与吴老师进行视频连线，2020年初我去吴老师在芬兰的实验室学习了三个月并由吴老师指导完成了毕业论文的撰写。吴老师是一个非常和善的人，没有什么架子，有时候甚至比我还幽默搞笑。吴老师在机器人领域耕耘了几十年，在这方面有相当丰富的经验，前面我也提到过，我们的项目属于移动机器人技术，所以在技术方面，吴老师给了我们很多的建议。

支持人：为什么会选择创业？你想用这个项目，去解决行业里的什么难题？

刘佳生：我之所以想创业，是希望在身经百战中获得能够认同自身实力的安全感，从而独立解决遇到的问题。我想通过小乐色垃圾桶为垃圾分类提供便利，一方面是解决分类垃圾桶数量多、占地面积大的问题；另一方面是解决垃圾桶离产生垃圾的地方距离远的问题，实现"垃圾在产生的时候就应该立刻被分类并进入垃圾桶"的目标。

主持人：是什么样的机缘，促使了你开启创业的征程？

刘佳生：2020年的疫情。疫情给了我很长时间的空窗期，这段时间我没有像平时一样忙于科研，于是花了很长时间思考，让我明白了自己到底想要追求怎样的人生。

主持人：创业对你意味着什么？给你带来哪些改变？

刘佳生：创业对我来说意味着掌控自己的人生，创业之前是乘车，创业之后是开车，尽管千万条道路是固定的，但往哪儿走由我说了算。创业之前我是完美主义者,做一件事会想要尽善尽美,但是创业后我会先按照最容易的方向去做,等做好了有时间再完善,以确保能在规定时间内完成任务。创业后我更加果断了,遇到突发事件,我会很快做出最有利于自己的决策,就像个机器人在按照固定的套路做决策一样。更加敢于面对困难了,以前遇事会不知所措,虽然现在依然做不到镇定自若,但是能够理性分析事情发展的可能走向,制定决策,并为可能出现的最坏情况做出预案。

**主持人**:在创业过程中,到目前为止遇到的最大瓶颈或挑战是什么?

**刘佳生**:最大的挑战是团队人员流失。我的团队成立之初是有4个人的,后来其他3人都相继离我而去,团队就剩下我1人了。如果我不是一直咬牙撑着,也不会发展到现在的7人团队。

**主持人**:请用一句话向普通人介绍清楚你的创业项目,让大家记住它。

**刘佳生**:小乐色智能垃圾桶,是一个无论你在房间哪个角落,只要喊一声"小乐色,过来",它就能移动到你身边的垃圾桶。

## 创业者说

作为一名中国科大学子,对于"科技强国",我的理解主要在两方面:第一,要掌握核心科技,才能在国际上不被"卡脖子",国家才更有话语权;第二,要有更多老百姓能直接受惠的科技成果及对应的工业供应链,比如疫情期间,国内就从不缺口罩,本不起眼的送餐机器人大放异彩,被誉为中国速度的火神山医院给了很多普通患者希望。与之对应的案例,是美国采用机器人隔离治疗首例确诊的新冠患者,但这种技术不可能普及到每一个人。在我看来,普惠科技同样是国家强大的有力证明。

作为一个青年创业者,我们这代人比上一代人幸福很多,无需再为温饱问题担忧,也无需担心安全威胁,富强的国家给我们画了一条生命保障线。上一代人尚且敢拼敢闯,我们更应该勇敢做出一番事业。希望未来,我可以对幼时说的那句"长大后我要成为国家栋梁"问心无愧。

## 专家点评

该项目首先是对应用场景的思考,这个垃圾桶在哪里使用?家用还是商用?垃圾桶适不适合在家里面移动,这点值得商榷。垃圾分干垃圾和湿垃圾,如果把生活垃圾带到卧室里去,可能就不太合适,所以垃圾桶随处转,理论上是可以做到,但在实际生活中是否适用,需要思考,可能在办公区好一点。就消费类产品而言,同样的技术,场景的不同选择对产品的市场结果影响很大,选对了场景,就可能很容易"热卖";否则即使技术很好,产品不错,也只会是"冷卖",无法带来"热卖"。

首先,垃圾处理最大的痛点是什么?应该是分类,而垃圾分类最大的痛点,就是分不清垃圾属于什么类。分类越细,我们就可能越分不清。如果说出我要扔什么,它就能自动分辨并派来相对应的垃圾桶,这就解决了分类垃圾的痛点,不仅有价值,也会有很大的市场,比如我说一声:要扔苹果皮,这时候对应的垃圾桶就过来了。

其次,越是底层的技术,离海量的C端市场就越远,小米和苹果都做C端层面的应用。越是底层的技术,离衣食住行就越远,传导周期就会非常长。另外,针对同样的技术,有若干个细分市场做选择,所以选择市场特别重要。有时候你觉得这个市场容量很大,比如一个智能垃圾桶现在卖700元,其实正是因为它是个新产品,量小所以价高,而且很多溢价都被渠道商拿走了,真正给你的成本价格可能很低很低。而产品一旦被消费者接受了,市场上就会马上涌现出大量竞争对手,售价也会瞬间被拉低,所以实际的市场容量和规模,可能远远低于你最初的想象。

再给你另一个建议,C端不一定愿意为垃圾分类和处理买单,环保人士另说。C端不大愿意为垃圾分类买单,而政府可能才是买单者,谁是掏钱的人,这很重要。那些真正买单的人会为你的项目和产品支付吗?商业逻辑要先想清楚,然后再把技术嵌入商业链条里去。你到底解决的是什么问题?是谁的问题?

同样的技术可以用在更好的地方,不要局限于垃圾桶市场,比如有人做电子轮椅,同样是移动机器人,轮椅就成了刚需。能不能把同样的技术应用在一些更刚需的细分领域,这就是市场定位思考的逻辑。

开展创新创业教育能够帮助各位同学加深对社会经济生活中实际问题的认识理解,促进自己日常所学与现实需求之间的深度融合。另一方面,进行创新创业实践不仅需要努力提升自己的专业技术,也需要注重培养自身的综合素质。

——刘淇(中国科大计算机科学与技术学院特任教授、校团委副书记及双创学院副院长,中国科大创新创业导师)

# 云膜科技：
# 纳米云母片改性聚乳酸高性能可降解包装薄膜

**云膜科技**

随着我国"双碳"战略的实施及环保政策收紧，环保将逐渐成为国内主流生产理念，研发绿色环保产品是未来我国材料行业的主要发展方向。

目前包装材料领域所面临的核心问题之一是材料的环保性问题，在城市产生的生活垃圾中，超过三分之一是包装性垃圾，而这类垃圾通常难以回收或降解，其释放的微塑料会对环境造成持续性污染，危害生态系统，并直接或间接危及人类健康。

本项目团队在国际上首次实现了纳米云母片宏量剥离与规模化制备，并基于这种纳米尺度的结构基元，创制了一系列纳米云母片/聚乳酸可降解高性能复合薄膜材料。

纳米填料的加入，在大幅度提升薄膜对水蒸气、氧气及油脂阻隔性能和力学性能指标的同时，降低了复合薄膜的生产成本。而且通过引入具有匀光效应的纳米填料，可以进一步提升复合薄膜的光学性能，满足高端包装领域的应用需求。

作为一种高性能可降解复合薄膜材料，该材料有望成为现有包装材料的一种绿色环保可持续的替代品，在包装材料领域具有极强的竞争力和广阔的市场前景。

李德涵

先进技术研究院硕士

陆宇杰

谢　松

邵振潮

孙文彬

杨艺文

姚运运

刘兆祥

 创客故事

## 云膜科技：为环保包装材料注入全新动力

不知你发现没，现在的奶茶店或咖啡馆里，提供的都是木质搅拌棒、纸质吸管，偶尔见到的塑料吸管，也是那种软软糯糯的可降解材质。

另一些连锁餐饮企业或大型超市里，提供的塑料袋也是自带"磨砂滤镜"的可降解环保材质。这种购物袋有两大显性特点：第一，是贵，中号的基本上1元一只，顾客每次付款时都暗下决心，下次一定记得带购物袋来逛超市；第二，是这么贵的塑料袋，却一点儿也不耐用，经常被包装盒的尖角刮破，东西装得多还得捧着走回家。

生活中的这两件小事，也正好说明了两个问题：一是大家选择什么材质的产品是习惯养成的过程，餐饮企业普遍实施限塑令，大家慢慢也就习惯了用纸吸管。二是为什么"限塑令"提出这么多年，菜场小超市里的塑料袋还是屡禁不止？由于替代品的成本高、耐热性差、承重力小，在日常生活中使用较为不便。

践行环保理念是每个地球公民应尽的义务和责任。但环保的推进，不能光靠理念和口号，更重要的还是新技术、新材料的不断助力。

这一次，中国科大先进技术研究院李德涵同学带来的项目《云膜科技：纳米云母片改性聚乳酸高性能可降解包装薄膜》，或许就能为绿色包装材料注入一股新的动力。

### 向自然寻找更环保的答案

在2021年的全国两会上，"碳达峰、碳中和"被首次写入政府工作报告，也成了全民关注的新词和热词。即使你还没搞清楚这两个词的具体

涵义，也一定知道都和环保有关。

随着全世界环保政策的收紧，开发绿色环保新材料也成为未来我国材料学发展的新方向。有数据显示，64%的废弃塑料都来自包装材料，而其中只有不到13%被回收利用，因此，塑料包装的回收替代是解决当前塑料污染的重要途径。

李德涵来自中国科学技术大学俞书宏院士团队，是国内知名的材料学研究团队中的一员。常年奋战在科研一线的他说："在面向经济应用方面，当前材料发展的核心问题是材料环保问题，尤其是包装材料领域。"

当前应用最广泛的环保包装材料叫聚乳酸，是一种以玉米为原料生产的绿色环保溶剂。聚乳酸有很多优点，比如原料广泛、加工工艺简单等；但也有缺点，正如上文所述，成本相对高，不耐用，抗热性不高……

李德涵所在的实验室，在纳米材料领域有着多年科研积累，近期他们在国际上首次实现了纳米云母片宏量剥离与规模化制备，基于这种纳米尺度的结构基元，创制了一系列纳米云母片/聚乳酸可降解高性能复合薄膜材料。纳米填料的加入，在大幅度提升薄膜对水蒸气、氧气及油脂阻隔性能和力学性能指标的同时,降低了复合薄膜的生产成本。与此同时,可以通过引入具有匀光效应的纳米填料,进一步提升复合薄膜的光学性能,满足高端包装领域的应用需求。

把上面这段话"翻译"得再直白点,就是可以通过对天然云母矿石的独特剥离法,实现纳米云母片的工艺制备,再与聚乳酸材料进行复合,研发出一种新型环保包装材料:成本降一半,力学性能提升200%,还泛着珍珠般的光泽,并实现了24天内迅速降解,绿色无污染。

听起来是不是很激动人心?

该项目现已获得2021年中国科学技术大学"双创基金"立项支持,获第三届中国科大"庆峰杯"创新创业大赛三等奖,并参加了全国"互联网+"大学生创新创业大赛。

很多人都知道云母是一种天然矿石,也是一种应用广泛的绝缘材料。其实,天然云母还是一味中药,对于止血敛疮有着很好的疗效。大自然给予人类的馈赠很多,所谓践行环保理念,就是人类与自然和谐共处,世间万物和平共生。或许,关于"环保"的答案,我们还要多去自然中寻找。

## 从实验室到产品线的距离

牛顿说过一句名言:我之所以看得更远,是因为我站在巨人的肩膀上。

无论是科研还是商业,很少有"横空出世",大部分都是站在"巨人的肩膀上"不断精进、迭代。李德涵带来的这个项目,是他所在实验室的最新科研成果。但从实验室到生产线、再到具体的商品、最终到达消费者手中,又是一趟要跨越千山万水的征程。

而这,就是科研与创业的不同。

面对市场竞争品,他们做了大量扎实的分析,对比现有可降解薄膜,自己新研发的材料在力学性能和组合性能上都具有非常大的优势,是有望替代现有产品的。

这一阶段，团队拟定的商业模式还是以原料改性为核心，通过生产线升级获取增值利益。上游为云母供应商，结合本团队在原料、技术、应用方面的核心优势，满足下游包装薄膜企业和可降解企业对于材料高性能、低成本的综合需求。

市场永远遵循的是商业规则。

为了使新材料能更快产业化，亟待解决的是降低成本等问题。目前聚乳酸的售价在4万~5万元一吨，生产成本需要到2万~3万元一吨，可降解塑料制品的成本确实非常高。李德涵说，1元一只的环保塑料袋，其实只是成本价。

他们研发的材料，目前可降低一半成本，但这并不是终极目标，他们希望能做出和现有塑料袋价格持平的产品，也就是1角一只的环保袋。

如果同样的价格和同样的使用感受，笔者为什么不选择更环保的包装呢？我也被李德涵的梦想点燃了。

怀着科研人的一腔热情，2021年夏天，团队联系了相关企业想做中试。"企业生产跟我们想象的完全不一样。如果想上线一个新产品，所有设备都要更新，成本对于一个创业团队来说太高了。现在我们希望，能不能在现有产业线上改变其中的一步或两步，在某一个环节把我们的材料加进去，类似我们做化学反应中催化剂的概念，加入这个材料中，就可以在他们的产线上实现生产。这也是项目之前多方讨论得到的最合理的商业模式。"

听到这里，笔者内心非常敬佩这些科研工作者。连续两年参加中国科学技术大学双创训练营的"新苗计划"，笔者已深深明白，科研是非常艰辛的工作，从纸上公式到实验室科研，从学术论文到真实触达的产品，都隔着千山万水。但正如胡适先生说的那样："怕什么真理无穷，进一步有进一步的欢喜。"为了专业理想，学者们日拱一卒，终会到达梦想的彼岸。

## 做真正对社会有用的材料

李德涵是当晚最后一位参加路演的选手,因出差在外,他还是通过网络连线参赛。但他以缜密的思维和优异的口才给各位辅导老师留下了深刻印象。

李德涵目前是中国科学技术大学硕士研究生在读,担任中国科大先进技术研究院研究生党支部副书记兼青年委员,曾多次获得安徽省"双优毕业生"、国家级奖学金、优秀共产党员、优秀学生干部、三好学生等荣誉和奖项。

作为项目负责人,他还多次参与"互联网+"和"挑战杯"等创新创业比赛,曾主持"挑战杯"项目2项,安徽省大学生创新创业项目1项。难怪这样处变不惊。

在自己的专业领域,他长期参与高性能生物质基复合材料的研发,现主要研究方向是通过仿生微纳结构调控实现聚乳酸与纳米单元的复合及应用。他所在的实验室隶属俞书宏院士团队,他说:"俞老师一直教导我们,在实验室做基础研究的同时,也要着力于考虑把相关材料做到实处,能用到千家万户,做真正对社会有价值、有用的材料。"恩师的教导促使他开启创业的征程。

"创业的初衷是能有更多的机会、更广阔的平台去解决这个行业面临的问题,解决可降解包装材料目前价格高、力学性能不足等问题。但真正躬身入局才明白,创业和科研间的差距还是很大的:科学研究的基本任务就是探索、认识未知;而创业是创业者对自己拥有的资源或通过努力对能够拥有的资源进行优化整合,从而创造出更大经济或社会价值的过程。科研成果的转化,并不是一件简单的事。"

好在母校提供了很多无私的支持。

"特别是中国科大创新创业学院,在项目参加比赛的过程中,给予了极大的帮助和支持,协调相关专家和指导老师对项目进行辅导完善,尤其是创新创业学院可爱的老师们,给了我们无微不至的关怀、帮助以及鼓励,让我们在项目的开展过程中受到了极大的鼓舞。"

目前,项目已取得一系列阶段化进展,多次与安徽丰原集团、永佳集团等多家企业交流洽谈。此外,项目还获得科技部、安徽省科技厅和蚌埠市科技局的关注。

关于团队未来的发展规划,李德涵说,他们将工作分为两大块:一是针对薄膜材料后续在高端包装材料领域的应用;另一块是通过调控组分的重量及含量,赋予复合薄膜优异的光学性能,可用于高端包装领域。

期待他的梦想能照进现实,团队的科研成果也能为绿色包装注入全新动力!

项目价值

当前包装材料面临的核心问题之一就是材料的环保问题。随着我国环保政策收紧,开发绿色环保新材料是未来我国材料发展的新方向。数据显示,64%的废弃塑料是来自包装材料,其中只有不到13%的部分被回收利用,因此塑料的回收、替代才是解决当前塑料污染问题的根本途径。

聚乳酸作为当前最广泛的包装材料,自身有很多优点,比如原料来源较广泛、加工工艺比较简单。结合实验室在纳米材料领域多年的积累,发现天然的纳米云母片具有独特的二元结构,可与聚乳酸进行复合,有望降低成本,并综合提升聚乳酸的性能。

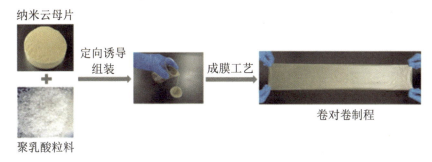

**高性能复合薄膜材料制备工艺**

实验室经过多年积累,通过解析贝壳内部的微观结构,发现微观结构上的高性能力学以及组合特点,仿造类似的贝壳结构,制备出高性能的聚乳酸薄膜材料。核心技术之一就是将天然云母矿石通过独特的剥离方法,实现纳米云母片的工艺制备,并采用独特的组装技术,制备出这样的薄膜材料。

该材料由于纳米云母片的加入,力学性能提升200%的同时,薄膜同样具有稳定性和韧性,价格整体降低一半,并可在24天内迅速降解,绿色无污染。优良的性能让其有望成为现有产品的替代品。

**纳米云母片宏量剥离**

 访谈心声

主持人：能用一句话向普通人介绍清楚你的创业项目吗？

李德涵：基于仿生结构设计，制备出了一种具备优异力学性能、阻隔性能的可降解复合薄膜材料。

主持人：我看材料上写到，目前的可降解包装，存在价格高、强度低、隔绝性差等缺点，你们的产品是如何优化的呢？

李德涵：目前的可降解薄膜材料，如聚乳酸等，大多受限于高昂成本、有限的力学性能和阻隔性能，这极大限制了它们在包装材料上的应用。我们通过加入纳米云母片及结合剪切力组装技术，创制了一系列纳米云母片/聚乳酸可降解高性能复合薄膜材料。

主持人：这项技术的创新门槛高吗？难度大吗？

李德涵：创新点主要有两方面：第一是云母片的剥离，这个目前只有我们团队能做到，而且我们可以大规模做；第二，这个设备是我们自己搭建的，我们仿造珍珠的片层结构，获得它的优异性能，从而实现这种薄膜对于氧气、水蒸气的阻隔，包括力学的提升。仿生技术是我们实验室的

老本行,我们实验室做的仿生体系,也是在俞书宏老师的指导下做的。

**主持人**:俞书宏院士对你们的项目提供了哪些具体指导与帮助呢?

**李德涵**:俞老师首先在课题的探索及研究上给予了极大的帮助和支持,在项目的开展过程中,前期的实验过程以及后期的中试环节,通过不断讨论,俞老师也给了非常多建设性意见。

**主持人**:你们的产品目前在市场上有销售了吗?

**李德涵**:目前还没销售。这个项目周期不是很长,也就从2020年开始,目前项目推进算比较快了,基本可以中试,很快就可以投入生产,然后才有实际销售。创业过程中,我们也遇到很多设备、资金上的问题,一直都在努力解决。

**主持人**:如果真的大规模投产了,成本会降低到什么程度?

**李德涵**:聚乳酸的售价现在是4万~5万元一吨,生产成本2万~3万元一吨,通过我们的技术可降低一半成本,争取做到和塑料袋一样的成本。

**主持人**:任何项目,从实验室走到能路演,都非常不容易。这个项目很多技术都是国内首创,也取得了很好的成效。你觉得项目走到今天,遇到过的最大瓶颈是什么?

**李德涵**:从整体项目来看,遇过的最大瓶颈,还是在实验室材料的性能提升上。现在做这种材料的非常多,失败的也非常多,市场上没有可用产品,就是因为技术难度太大。如何把这种材料按比例合理地添加到聚乳酸当中,降低成本,同时还能让性能提升,是项目最大的瓶颈。从实验室投产到实际生产过程中,包括参数、原料配比、设备调试等,目前是我们遇到的一个新瓶颈。这一块需要我们更多学习,不断交流,需要双创老师包括指导老师的帮助,后续才能更好把这块做好。

**主持人**:你觉得创业给你带来了哪些改变?

**李德涵**:创业对我来说意味着在自己所研究的领域继续深耕,真正地把实验室的想法以及成果应用到实际中去。具体改变有以下三点:① 个人社交以及表达能力有所提升;② 思维更加广阔,看待问题较以前更加全面;③ 认识到了团队的重要性,无论做什么事情,都离不开团队的合作与协助。

**主持人**：刚才在与评委交流过程中，提到你们和很多企业都有过交流，他们对你们技术的反馈怎样？

**李德涵**：分两类企业。一是做可降解产品的企业。以合肥恒鑫为例，他们一直在做可降解包装材料，之前的产量不是很大，他们想解决的一个痛点是，现有可降解制品耐热性能非常不好。因为可降解制品在温度比较高的情况下会软化，降低使用寿命和性能，他想在降低材料成本的同时，提升对温度的敏感特性。另一个是薄膜制品企业。薄膜制品企业都是食用级塑料，都是可降解的，他们想做的是内层或其中某一个阻隔层的改善。因为现在做的阻隔层都是铝箔纸，也就是所谓的锡纸隔离层，没有别的材料替代它的优异性能，他们希望我们实验室的可降解材料替代它中间的某一层，实现直接接触食品的那一面是可降解的材料。我们也会针对他们的具体需求做研究，因为我们的薄膜是可调控的，包括厚度、透光度、云光性能、阻隔性能，可以根据企业的具体需求去做。和企业交流最大的收获是，实际了解到他们现有的状况、实际需求，能更好对接，有针对性地解决他们的问题。

**主持人**：希望能早一点在我们的日常生活中用上你们的产品。

**李德涵**：谢谢老师。

当前国际竞争的实质是先进科技的竞争，而科技竞争归根结底是人才，特别是高级人才的竞争。因此，人力资源的能力建设，直接关系到一个国家或地区的经济发展和国际竞争力的提高，是新一轮社会财富积累的核心。加强人力资源能力建设，既是长远的战略，又是现实的需要。作为一名中国科大的青年创业者，我们要努力在自身的科研领域发光发热，为国家、为社会做出更大贡献。

## 专家点评

可降解塑料产业链上、中、下游产业结构中,目前行业资本集中在上游原料的制作环节,可降解塑料的拟在建项目,也都集中在这一环节中。而中游的制品加工环节,主要依靠目前庞大的塑料制品企业的原料类型转型带动,其中也不乏少数新增塑料制品企业的投产,但是塑料制品企业的基数庞大,以及投资门槛较低的特点,都无法保证行业的投资利润。下游的制品应用,主要取决于经济增长的带动,也无法成为新进入者的投资热点。所以这个项目所在的领域,竞争还是很激烈的,特别是在现有很多企业已经具备成本和终端优势的情况下,是需要认真思考的。

价格、成本等问题,是推广过程中的一个问题,但并不是主要问题,只要这个材料能在某个应用领域替代塑料,并且有很高的环保收益,价格会降下来的。某种材料的价格是不是比塑料贵,是一个有时效性的话题。任何一个刚刚从实验室出来的东西,此时核算成本一定是贵的。为什么贵?因为原材料、设备、人力、甚至是研发的费用你都会算上。但只有工业化量产形成规模以后,它的价格才是市场价格。在市场中根据供需关系再进一步调节。

这款膜有两个定语:降解、仿生。薄膜市场非常巨大,所以项目未来的市场定位,必须紧密围绕着这两个核心卖点,去解构和再建构原有的应用需求。我觉得项目目前的复合膜定位就不错,用可降解的仿生膜,作为直接接触食品的那一层,减少或避免塑料对食品的危害,就是一个很好的应用场景。降解确实是个大趋势,但在通用塑料制品还未普遍采用降解材料的情况下,这款薄膜的推广应用还需要政策的倒逼和市场试用。

# 双创基金学生管理团队：
# 创业星火的火炬手

中国科学技术大学创新创业学院里，有两支特别的学生创业团队。

他们比拼的并不是高新技术研发，也不是科研成果转化，而是比拼遴选优质创业项目的眼光，伴随创业团队成长的能力。可以这么说，这两支学生创业团队，既是"新苗计划"的天使投资人，也是创新创业学院里的专业风险投资财务顾问（FA）。

两支团队有一个统一而响亮的名字：双创基金学生管理团队。

中国科学技术大学双创基金学生管理团队，既是中国科大探索创投教育的创新举措，更是创投教育与创新创业教育"比翼双飞"的重要标志，此举在国内高校中也属首创。

2020年6月，经过自愿报名、面试选拔和组队研讨，中国科学技术大学基本科研业务费学生创新创业基金（以下简称"双创基金"）学生管理团队正式组建。来自各院系、涵盖了从本科生到博士生的2支学生团队将按照基金管理公司的运作模式，承担起中国科学技术大学双创基金的管理任务。这也标志着中国科学技术大学在创新创业教育中，实现了学生自我管理、自我服务的创新，更标志着中国科学技术大学创投教育的正式起航。

2020年6月18日，双创基金学生管理团队组队会议暨首场业务培训会在线上举行，2支学生团队，也正式有了自己的团队名称："颗粒可期"团队、"沃科星火"团队。两支团队随后向创新创业学院提出虚拟注册公司的申请，分别拟命名为"中科蜗创基金管理有限公司"和"合肥南七创投管理有限公司"。

中国科大创新创业学院成立以来，一直致力于顶尖科技创新创业人才培养，不断创新工作思路和工作方法。组建学生管理团队负责双创基金管理，不仅有利于校内创新创业项目的培育，也使得科大学子有机会体验"创业者"和"投资人"的不同视角，为投资和基金管理人才的培养做出了有益尝试。

一年多过去，这两支"投资人团队"自身成长发展的如何？在与众多同学的创业项目接触后，他们有哪些来自"投资人"的独特判断？作为中国科大学子，他们又是如何看待双创这件事呢？

我们采访了两支管理团队的负责人，一起来听听他们的观察与思考吧。

## 中科蜗创基金管理有限公司

姓名:毛丽凯
院系:工程科学学院热科学和能源工程系2018级硕士研究生
职位:总经理

**主持人**:中国科学技术大学双创基金学生管理团队,在国内高校属于首创。作为第一波"吃螃蟹的人",你们的很多工作都得"摸着石头过河"吧。学校做过哪些培训和辅导吗?

**毛丽凯**:培训辅导是很多和很专业的。首先,在刚成立团队时,创新创业学院常务副院长朱东杰老师就给了我们很多理念上的指导。还记得在首场业务培训会上,朱老师对我们就提出了四点建议:一是要加强团队建设。团队成员之间要做到相互了解、尊重,职责明确,紧密合作,提升团队凝聚力和战斗力。二是要在实践中学习提升。团队要在项目实践中勇于创新,紧密联系专家顾问,虚心求教,踏实学习,提升团队业务能力。三是要增强主人翁意识。团队要在创新创业项目培育中扮演好组织者、投资者、服务者、辅导者的角色,认真做好每一个项目的遴选,为项目负责,为学校负责。四是要尽快完善工作制度。各团队要尽快完善项目遴选、项目投资、风控管理、人员变动、财务管理等方面的规章制度,审批、操作有理有据,公开透明。后期,学院也多次请一些外援老师,开展了多场针对性辅导,比如怎样去遴选基金,怎样对基金进行跟进等,团队受益很大。

**主持人**:我来参加"新苗计划"项目培训会,比较大的感慨是,中国科大各系之间差别很大,就拿今天这场项目辅导会来说,有些创业者是做有机化学领域项目的,有些是地球物理、生物科技方面的,每个人带来的项目我都得提前做预习,才敢来现场学习聆听。我相信,很多项目也超越了你本身的学科认知。每次看到陌生领域的新项目,你们是如何快速评价这个项目有没有价值呢?

**毛丽凯**:我们评选过程分两轮:第一轮是项目的函评,会把项目申报书发给一些专业领域的专家老师,请他们从技术领域进行鉴定,研判这个项目有没有创新性,他们的创业方向在行业内有哪些创新的价值。函评通过之后,我们团队会更偏向与市场接轨这一块,比如项目能嫁接到现有的哪些行业、企业,或者产品投入市场后,机会有多大等。以这样的价值导向来遴选我们的项目。

**主持人**:基金管理团队成立一年,作为投资人,你看过多少个项目?

**毛丽凯**:我这边服务的有60多个项目。评选过程中,能通过的比例大概是二分之一,也就是说,在我们手上,至少看过120多个项目了。

**主持人**:中国科大的创业氛围那么浓厚吗?

**毛丽凯**:因为双创基金对我们学校的学生还是很有吸引力的,每年双创基金申报时,会有很多同学想来试一试,看看自己的科研成果能不能进行产品转化,这样也从另一个角度为自己的学术研究提供思考和动力。

**主持人:** 在我的理解中,双创基金学生管理团队,发展方向应该更像风险投资财务顾问。就是针对"基金池",搜寻和推荐优秀的创业者。面对创业者,你们又会提供一些战略咨询、融资指导,甚至是商业计划包装等。专业的风险投资财务顾问对初次创业者非常重要,我觉得你也是"手握大权",同学中有没有人来沟通,比如说,"我师兄那个项目特别好,你能不能给指导指导、推荐推荐"这样的情况?

**毛丽凯:** 这种没有。我们项目还是通过统一的申报、函评,再进行统一评审。人情上的东西,我们团队不会去做这样的事,除非这个项目本身就很好,团队内部交流的过程中会听到推荐。我们投资的价值导向还是项目本身的价值。

**主持人:** 你刚才说,曾看过120多个项目,这中间印象最深的是哪个项目?

**毛丽凯:** 印象最深的应该是赵飞的项目。项目是通过卫星对地面上的一些污染进行探测。我认为这种技术在环境保护这块有很好的应用前景,而且他们的探测技术成本低,探测水平很高,市场前景也不错。这个项目在省里和国家的一些创业比赛里都取得过比较好的名次。

**主持人:** 在你看来,一个好的双创项目,要具备哪些优秀品质?

**毛丽凯:** 中国科学技术大学创新创业的重点就是科技创新、科技创业,所以我觉得一个好项目,最重要的是要有自己的核心科技;其次,既然创业,还得有明朗的商业前景,要有在市场上变现的能力;第三,创业九死一生,靠谱的项目团队,往往是支持一个创业项目走下去的重要力量。

**主持人:** 你们的团队叫"颗粒可期",挺可爱的。

**毛丽凯:** 都说合肥是一座"科里科气"的城市,我们就取了一个谐音梗。而且，再小的种子也有成长的力量，一粒小种子也是未来可期的。

**主持人**：在北京、上海、广州，很多刚入行的投资人也是拿着很普通的工资，只有选中的项目成功或上市，投资人才能一把获得比较大的佣金。对于咱基金学生管理团队来说，不存在什么利益回报，你觉得当这个总经理，最大的收获是什么？

**毛丽凯**：加入双创基金管理团队，尤其是作为队长，对我个人能力有很大帮助。举个最简单的例子，我在成为队长之前，如果组织一场会议，可能对整个会议的流程都没那么清晰，但加入团队后，因为无论是在评审还是跟进过程中，都会组织很多会议，我对流程的把控就会强很多。而且我是学工科的，之前对项目、市场、投资了解的很少，加入团队后，创新创业学院会邀请很多专家对我们进行这方面的培训；另外，我们也参加过很多项目路演，通过路演中同学对自己项目的介绍，一方面拓宽了我的视野，另一方面，也通过评委们的评判，从中学到很多路演技能。总体来说，加入双创基金团队后，对我自己本身的能力，是有很大的提升和帮助的。

**主持人**：你硕士研究生快毕业了，未来是打算继续做科研，还是觉得这段经历给了你很大启发，可能会转行做科研方向的投资人呢？

**毛丽凯**：目前，我还是会更偏向于做自己的科研工作，但因为在项目管理过程中，学习到了很多除科研以外的其他本领，相信这些能力在我以后的工作中，也会带来很大的好处。

# 合肥南七创投管理有限公司

姓名：徐元泰
院系：化学与材料科学学院应用化学2018级硕士研究生
职位：总经理

主持人：你们的公司名字很有意思啊，南七创投？

徐元泰：因为我们学校的学生都昵称中国科大是"南七技校"，所以就取了这样一个名字，用一下这个"梗"。

主持人：你是中国科大哪个院系的学生？

徐元泰：我是12系的，也就是应用化学系。

主持人：今天好几个项目都来自应用化学系。不好好做"化学家"，为什么想来管理创投基金呢？

徐元泰：我本身对投资感兴趣，也想在这份经历中磨炼一下自己。投资还是很需要眼光的，多看看初期项目，对以后会很有帮助；而且学习如何举办活动、评审项目等,也是对自己能力的一种锻炼。

**主持人**:如果从投资人角度看,你现在如何判断一个科技类创业项目算不算一个好项目?

**徐元泰**:首先,核心技术肯定要优秀。中国科大同学的项目,技术肯定都没得说。二是这项技术要有科技壁垒,在行业里不容易被超越。三是项目不能只有科研,一定要有商业前景,如果你有一个科技发达的优秀项目,不仅技术高超,还能造福社会或便民,有更广泛的应用场景,才有商业前景,这才算是一个好的商业项目。

**主持人**:看过这么多项目,你印象最深刻的项目是哪个?

**徐元泰**:有很多的,比如我们团队李乔磊同学的关于一种新型陶瓷材料的项目,它的技术优点是性能非常高超,比如耐用性、抗腐蚀性以及材料特殊性能等,比其他同领域的高出很多,他这个项目才被广泛关注。给我印象较深的是团队的负责人李乔磊同学,他态度非常端正。因为他们组是在沈阳的中国科学院金属研究所那边,不在中国科大本部,但他对我们日常工作都是积极配合,一些线上会议也尽量参加,有些在中国科大本部举办的会议,实在到不了的情况下,也会写很多书面材料解释一下。他做事严谨认真的态度让我很感动。在我看来,创业团队的负责人很重要,一个负责人,包括成员态度的好坏,在一定程度上也决定了这个项目是否能走向成功。

**主持人**:细节决定成败。

**徐元泰**:这个项目今年拿了"互联网+"大赛的国赛银奖,也是实至名归的,希望他们能更上一层楼。

**主持人**:目前你的公司有多少人?

**徐元泰**:团队目前是9人。

**主持人**:大家如何分工呢?

**徐元泰**:在立项评审阶段,我们有负责函评的,有邀请专家的,有联系同学的,每个人负责一块工作,也要参与到评审项目中;因为团队人员的专业各不相同,管理、物理、数学、化学相关专业的都有,在技术方面会有一定基础。我们会分配负责自己比较擅长的项目,避免对项目解读有太大偏差。在立项之后的日常管理中,大家也有一些分工,包括会议安排通知、日常经费管理(包括一些报销、劳务费发放等),也会分配给一些同学做专项管理。

**主持人**:我明白了,函评等于就是入围赛。你应该看过不少项目计划书,觉得最能打动投资人的关键点是什么?

**徐元泰**:因为中国科大同学的项目核心科技水平是毋庸置疑的,所以能否打动我的关键点,还是看项目的商业应用前景和项目团队构成。创业说到底还是要面向社会,需要有一定的商业价值,一定要多展现自己项目的商业前景。

**主持人**:作为投资人,如果听不懂其他系同学的项目怎么办?项目价值判断的标准是怎么制定的呢?

**徐元泰**:确实会出现这种情况,一个人不可能了解所有的项目。如果我们听不懂,一般会请教一些相关行业的专家,我们有一个专门的专家库,各行各业的专家,从商业专家到高校教授,可以向他们虚心请教。另外,我们也可以直接与项目负责人进行更仔细的交流。我们团队虽说人不多,但刚好把中国科大这些学院都覆盖到了,团队成员间也可以互相交流,也就了解得差不多。

**主持人**:你们公司虽然是一家虚拟公司,创新创业学院有没有请一些真正的基金公司来做培训呢?

**徐元泰**:有,不仅是创新创业学院,现在学校也开展了一些面向全校师生的相关课程,创新创业学院也会请一些专业投资人经常给我们做一些讲座。除此之外,我们还可以选修一些创新创业学院的培训课程,如金融、法律课程。

**主持人**:作为南七创投管理有限公司总经理,你已经服务两年了,觉得加入这个团队后,最大的收获是什么?

**徐元泰**:我觉得最重要的,也是我收获最大的,就是可以看到各种项目,以前根本不了解这方面的知识,现在我学习到了一些不同行业的技术痛点,包括这些项目的核心技术是怎么回事,我觉得对于科技项目的了解、投资眼光的提升,都有非常重要的帮助。第二点,对自己日常业务能力也有锻炼,比如要组织一些会议,组织评审,包括日常资金管理,一开始还有点生疏,现在熟能生巧,大家也熟悉了一些管理工作,得到了前所未有的锻炼。

**主持人**:从基金管理人的角度,你怎样看待"双创"这件事?

**徐元泰**:创业这事本身非常重要。很多好公司,比如我们经常使用的支付宝、微信等,一开始都是一个创业项目,如果没有人去创业的话,就不会有今天优渥的生活环境。中国科大非常支持"双创"工作,我也鼓励周围同学如果有一些好的想法可以多去尝试。如果你觉得你的项目做得不错,或者你的项目还需要一些资助和帮忙的话,欢迎申报我们团队的基金项目。我们团队的名字叫"沃科星火",意思是星星之火,大家互相传递,把创业氛围越办越好。如果大家都热衷于创新创业,就一定会有很多好项目脱颖而出,最后造福中国乃至全人类。所以,我对于双创非常赞同,而且愿意为此努力工作。

**主持人**:从投资人角度,请给想创业的同学,提出几点实用建议吧。

**徐元泰**:第一,要有创业的热情,要敢于尝试、敢于创新;第二,要有不怕失败的精神,因为创业中一定会有非常多瓶颈,持续从失败中吸取教训,才能得到好的创新成果;第三,创业不仅是对高新技术的考验,也是对人性的考验,提升自己的人际交往能力也很重要。

创新创业之路没有终点

愿我们蓦然回首时

永远不会忘记那些奋斗的时刻

以及陪伴我们成长的人

——中国科学技术大学创新创业学院

中国科大创新创业学院微信公众号